최고 인기 드라마 영화 OST 수록

처음 만나는 OST 피아노 연주곡집

도깨비 | 너의 이름은。 | **라라랜드** | 푸른바다의 전설

태림스코어

contents

index

· 영화 ·
《라라랜드》

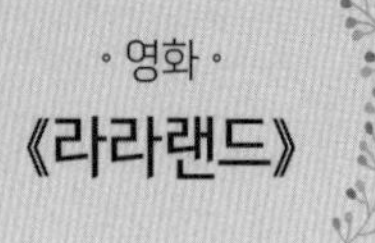

미아&세바스찬 테마

Hurwitz Justin 작곡

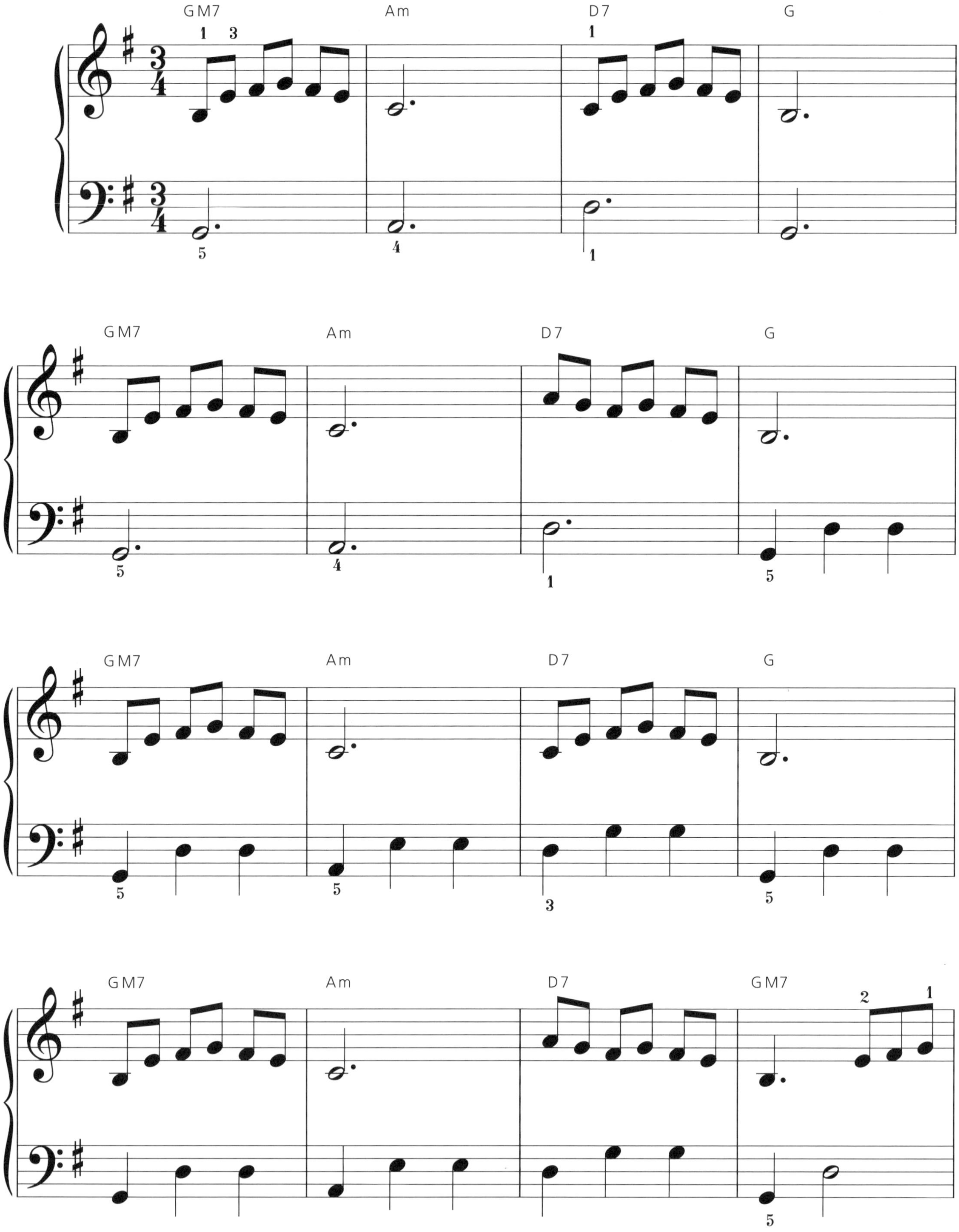

GM7
Am
D7
G
GM7
Am
D7
G
GM7
Am
D7
G
GM7
Am
D7
GM7

Am7 D7 GM7 CM7

Am7 D7 GM7 G6

Am7 D7 B7 Em

C D/B B♭7 A7 GM7

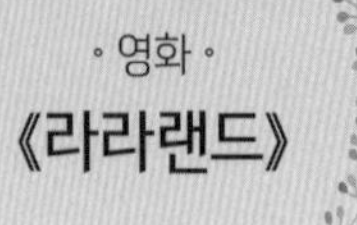

오디션

Paul Justin Noble, Pasek Benj, Hurwitz Justin 작사·작곡

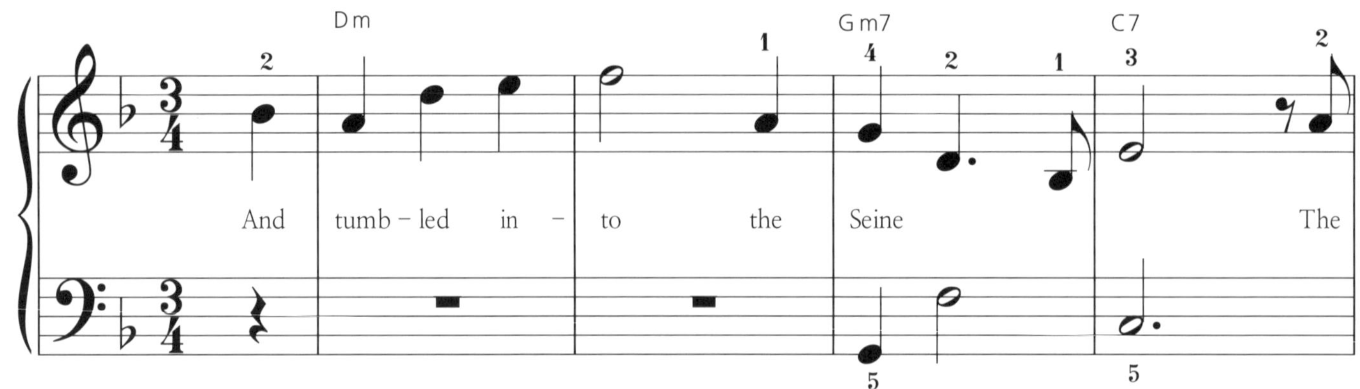

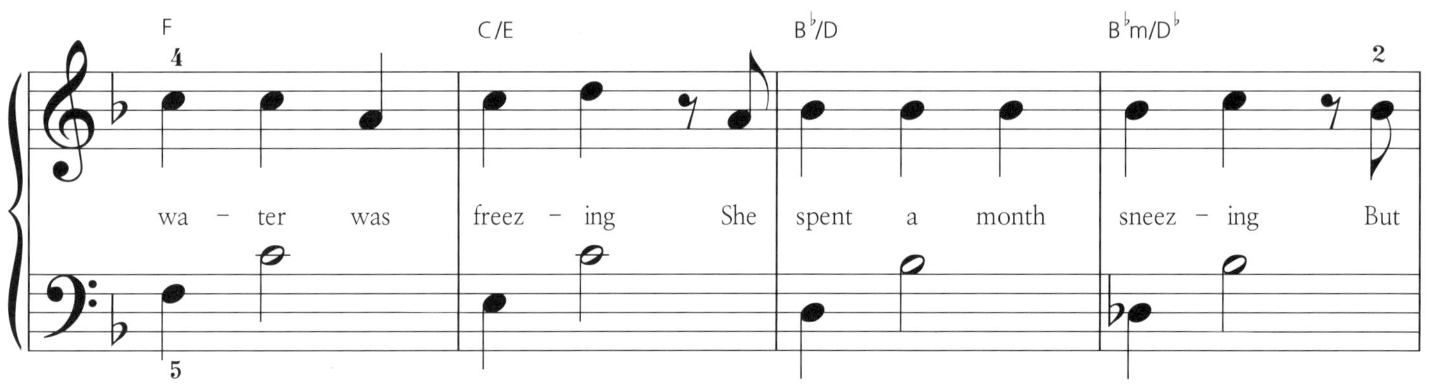

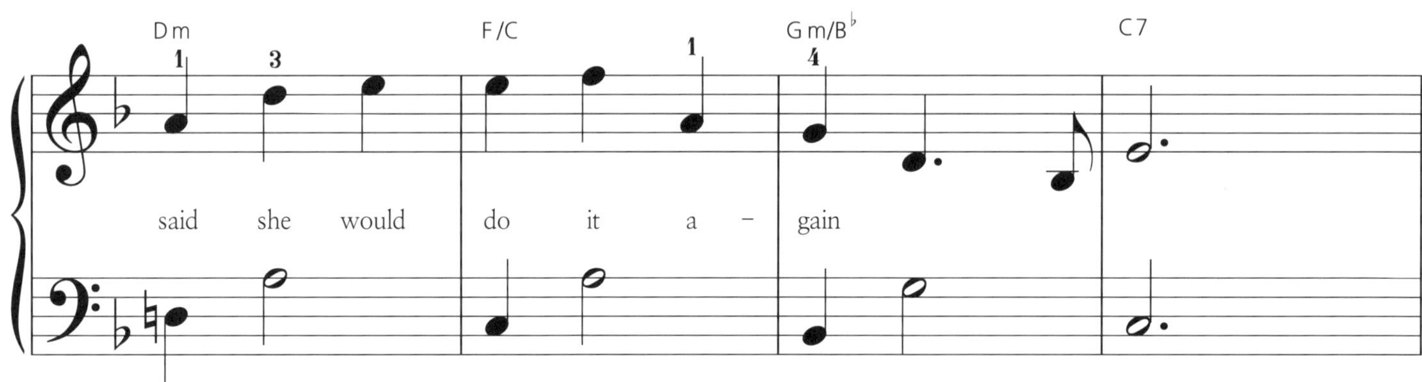

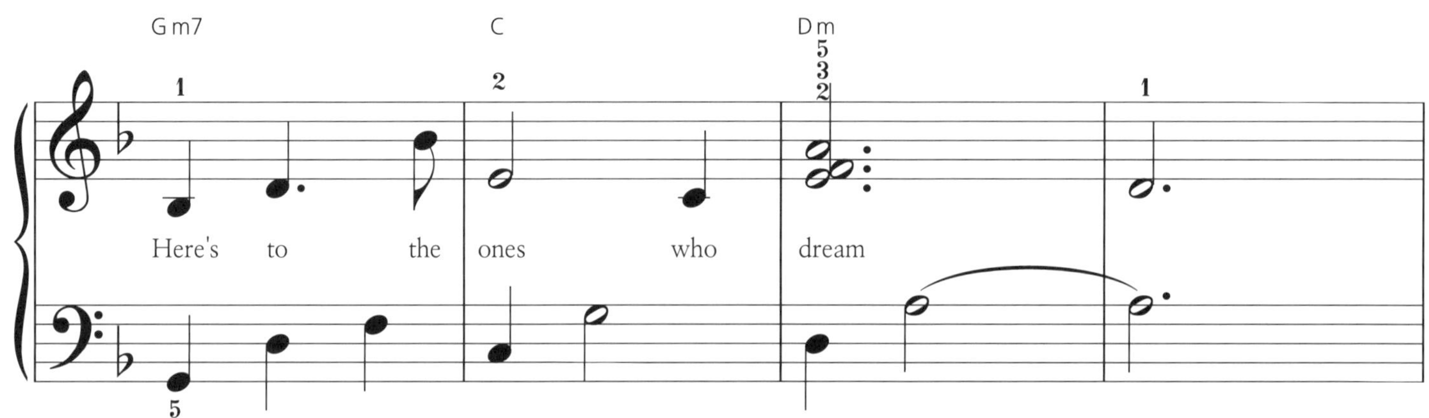

NO COPY

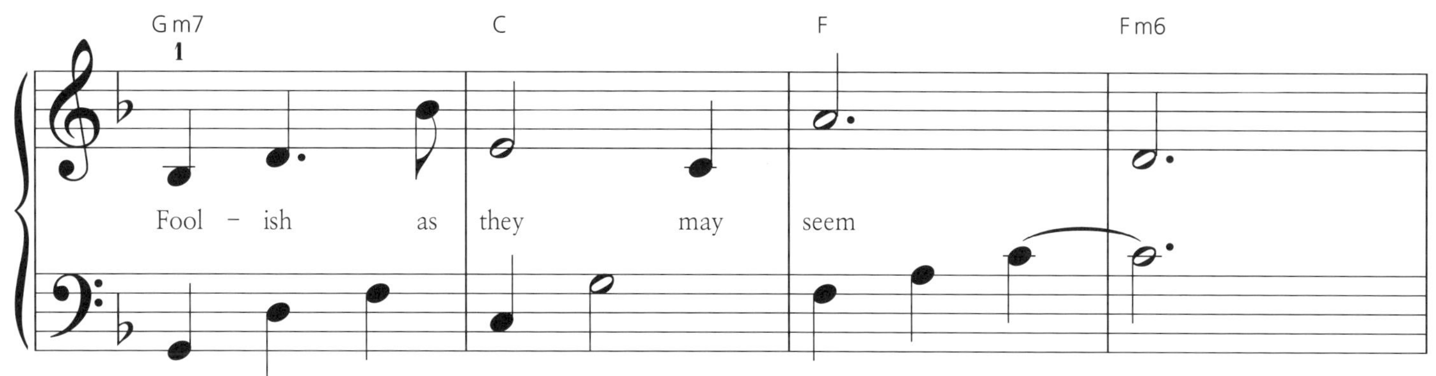
Gm7
C
F
Fm6
Fool - ish as they may seem

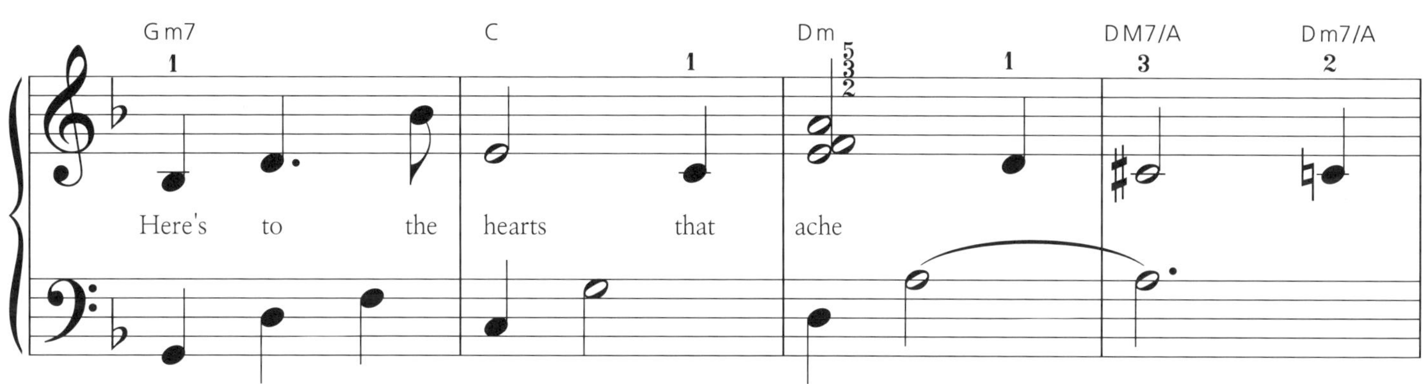
Gm7
C
Dm
DM7/A
Dm7/A
Here's to the hearts that ache

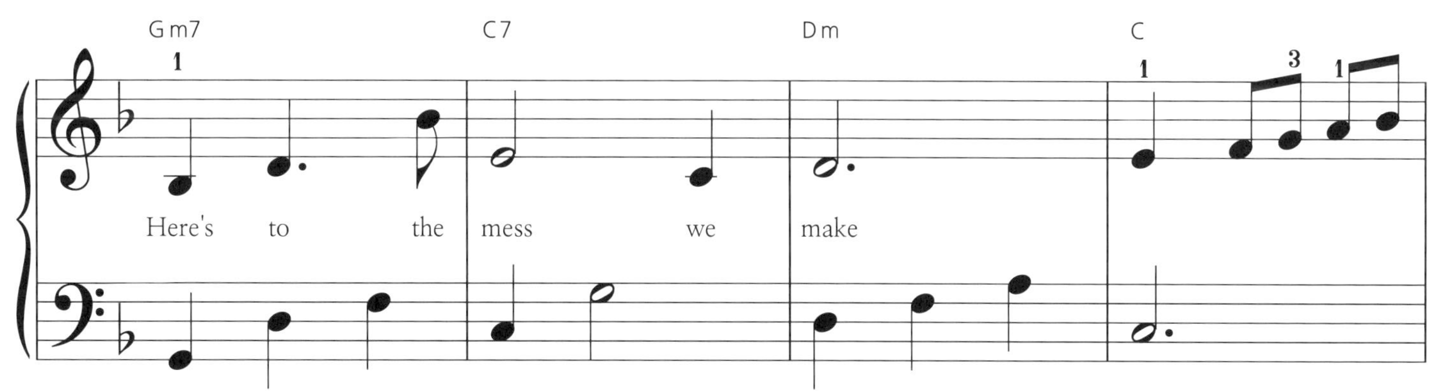
Gm7
C7
Dm
C
Here's to the mess we make

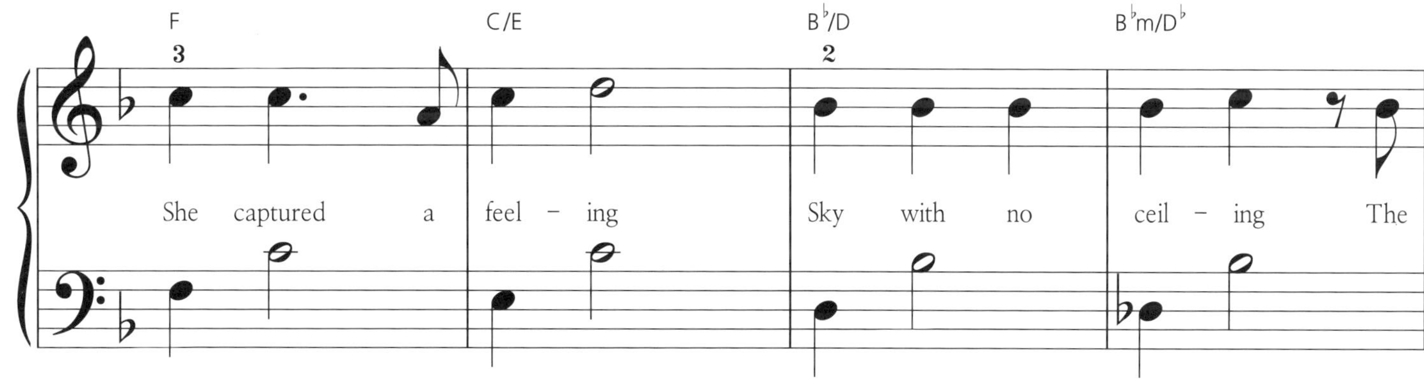
F
C/E
B♭/D
B♭m/D♭
She captured a feel - ing Sky with no ceil - ing The

NO COPY

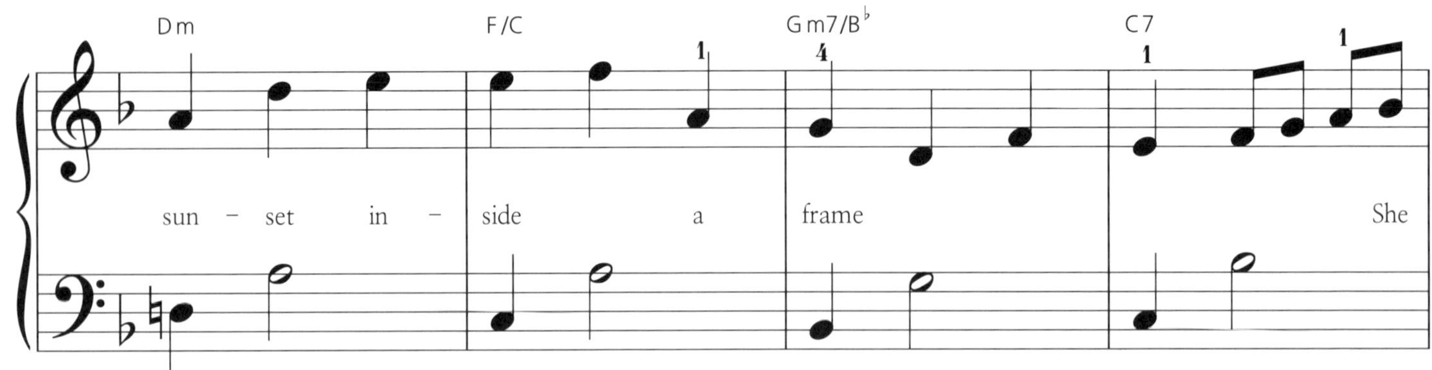
Dm
F/C
Gm7/B♭
C7
sun – set in – side a frame She

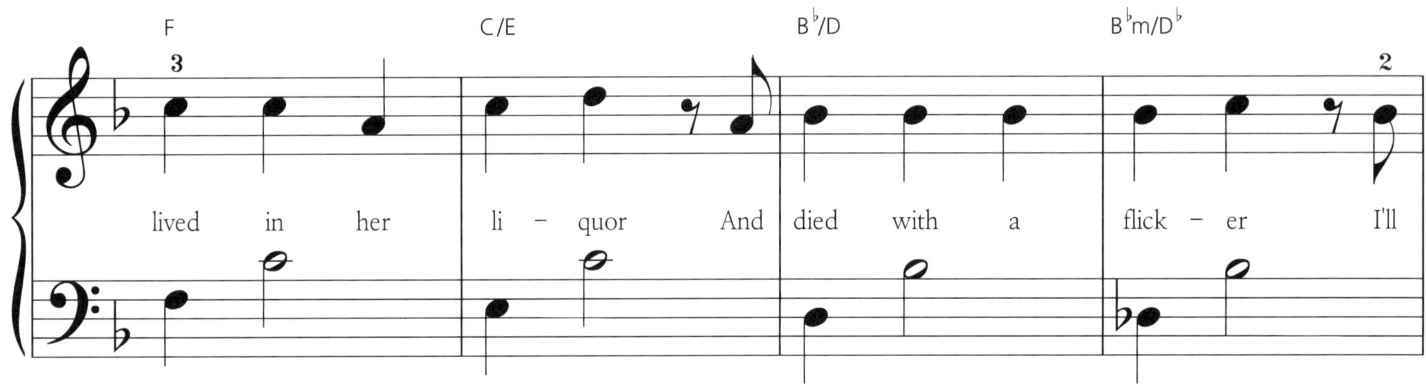
F
C/E
B♭/D
B♭m/D♭
lived in her li – quor And died with a flick – er I'll

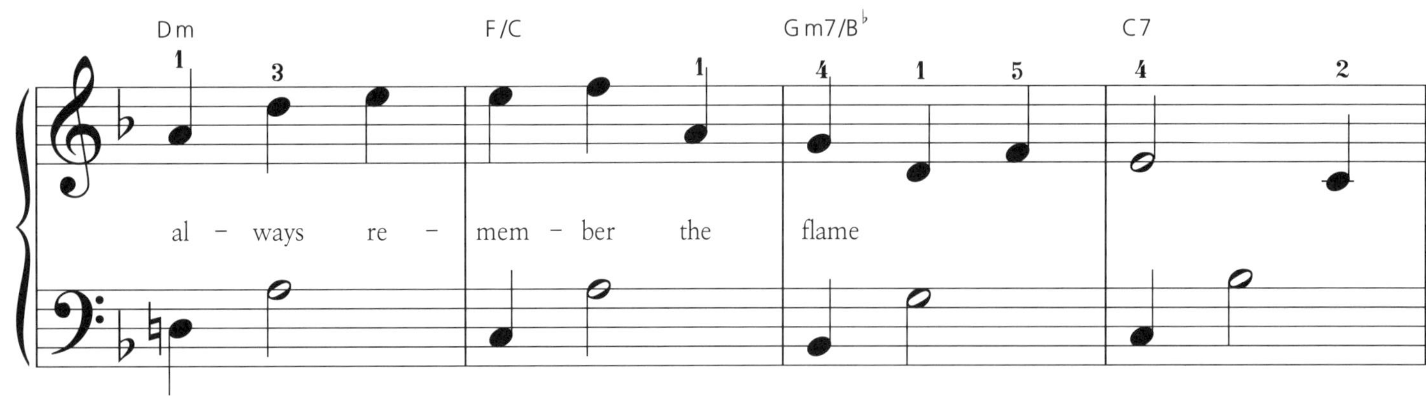
Dm
F/C
Gm7/B♭
C7
al – ways re – mem – ber the flame

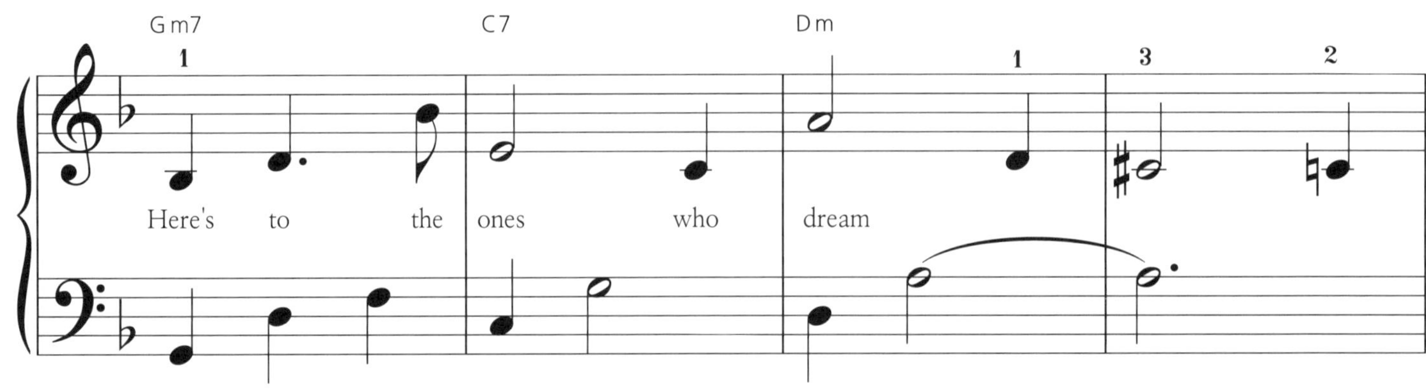
Gm7
C7
Dm
Here's to the ones who dream

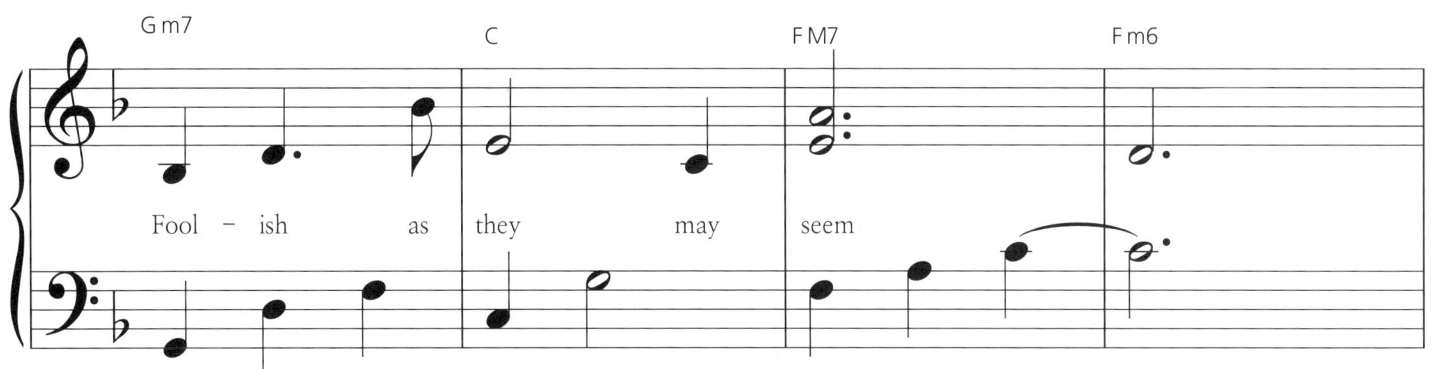
Gm7
C
FM7
Fm6
Fool - ish as they may seem

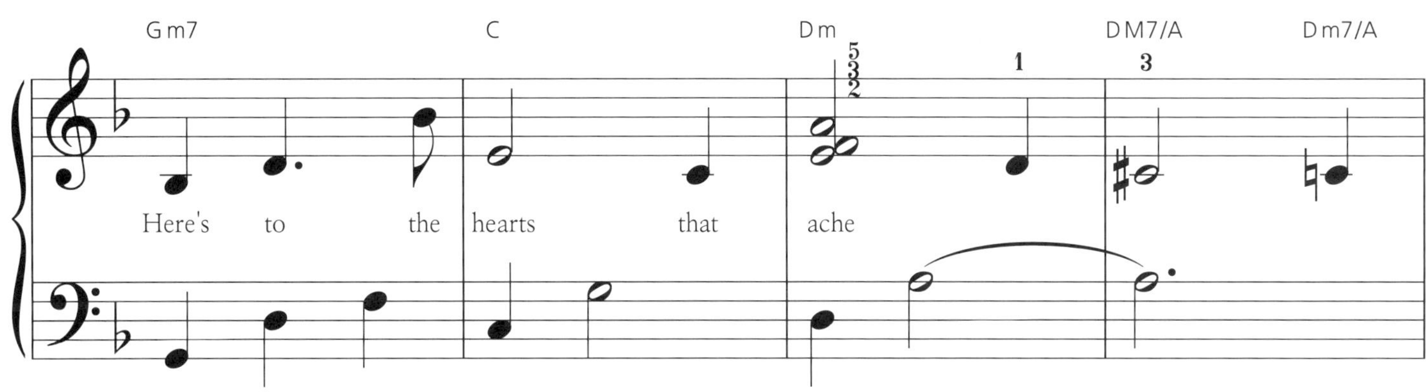
Gm7
C
Dm
DM7/A
Dm7/A
Here's to the hearts that ache

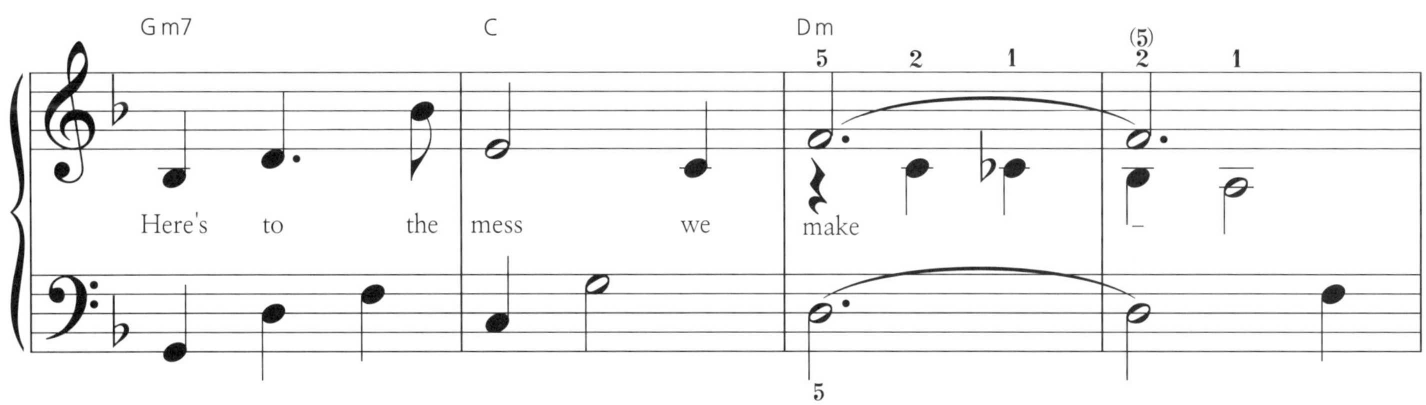
Gm7
C
Dm
Here's to the mess we make

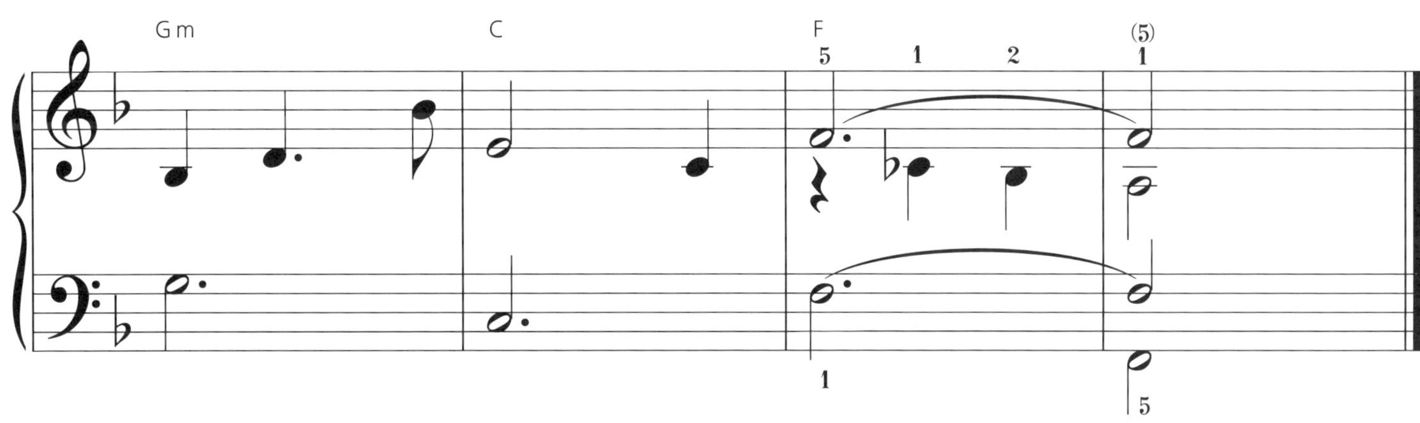
Gm
C
F

• 영화 •
《라라랜드》

인게이지먼트 파티

Hurwitz Justin 작곡

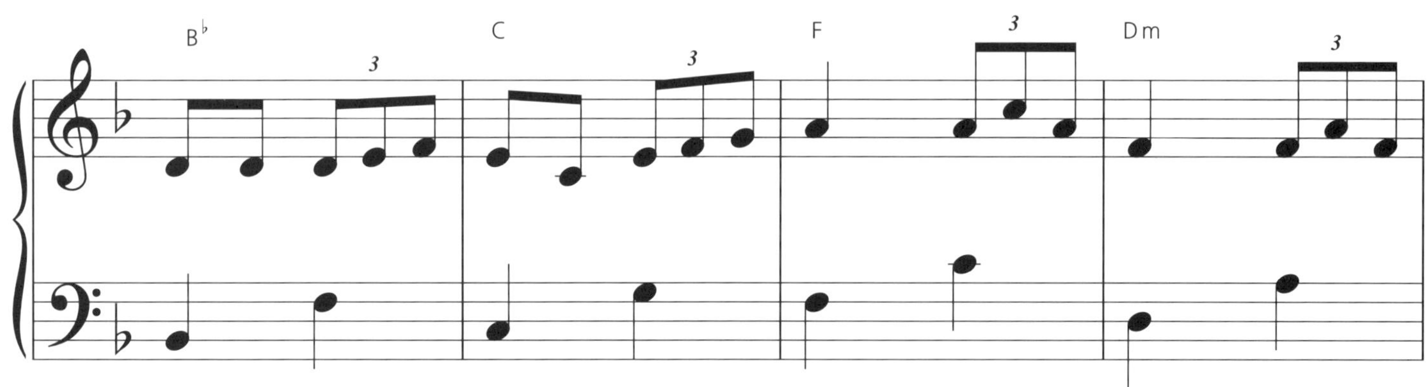

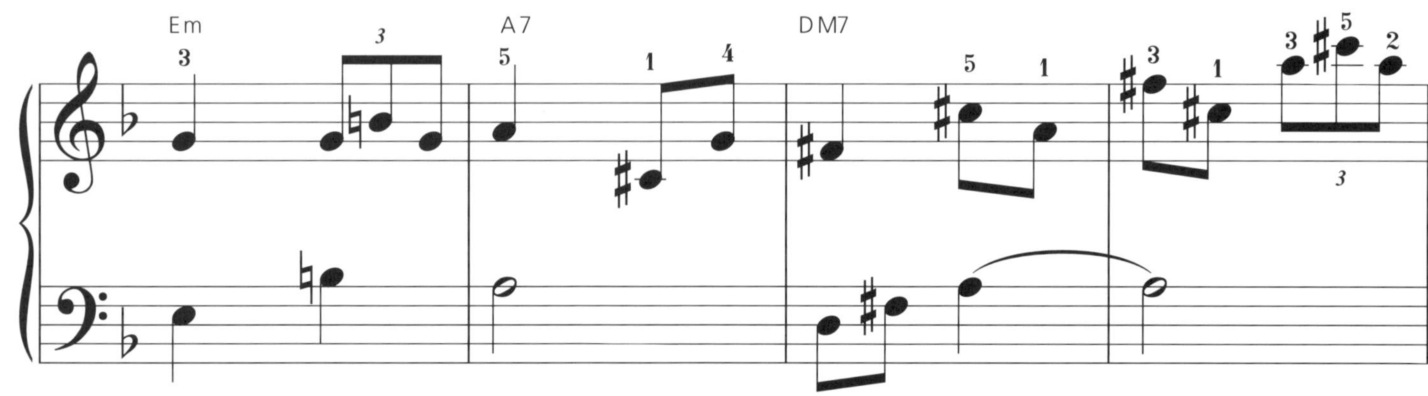

B♭ C7 FM7 Dm7

B♭ C7 Am

B♭ C7 FM7 Dm7

B♭ C7 F

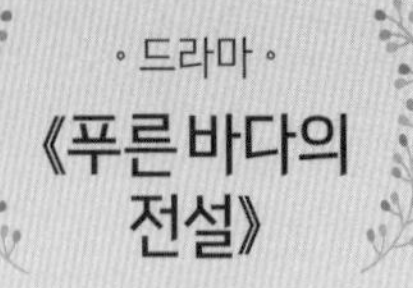

그대라는 세상

한준 작사 | 이유진 작곡 | 윤미래 노래

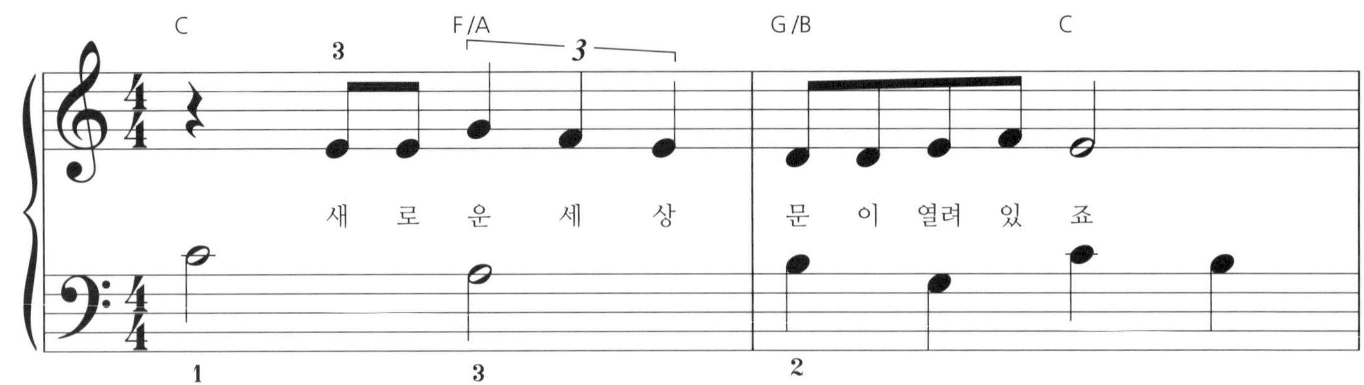

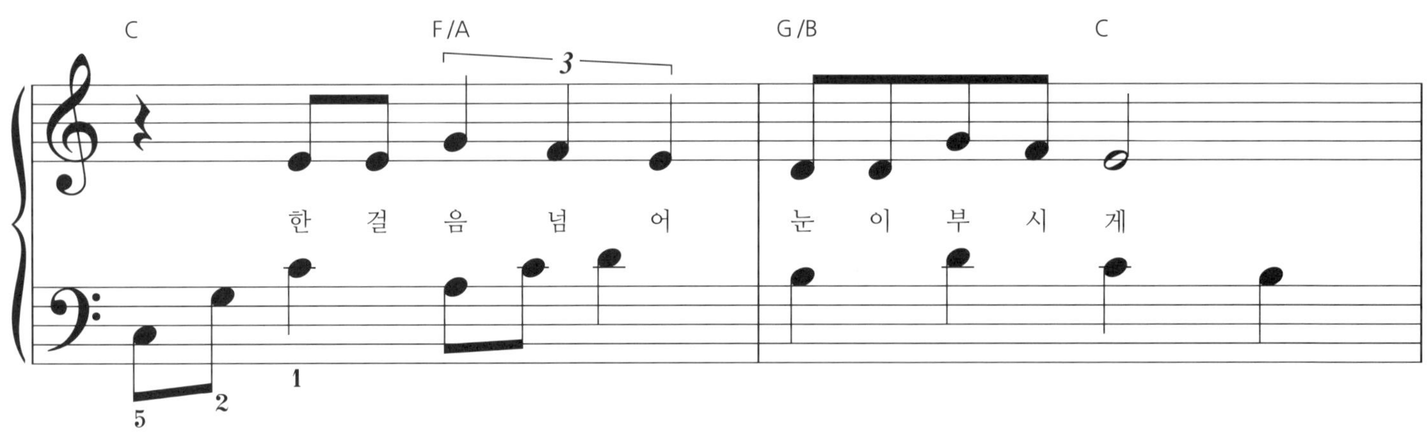

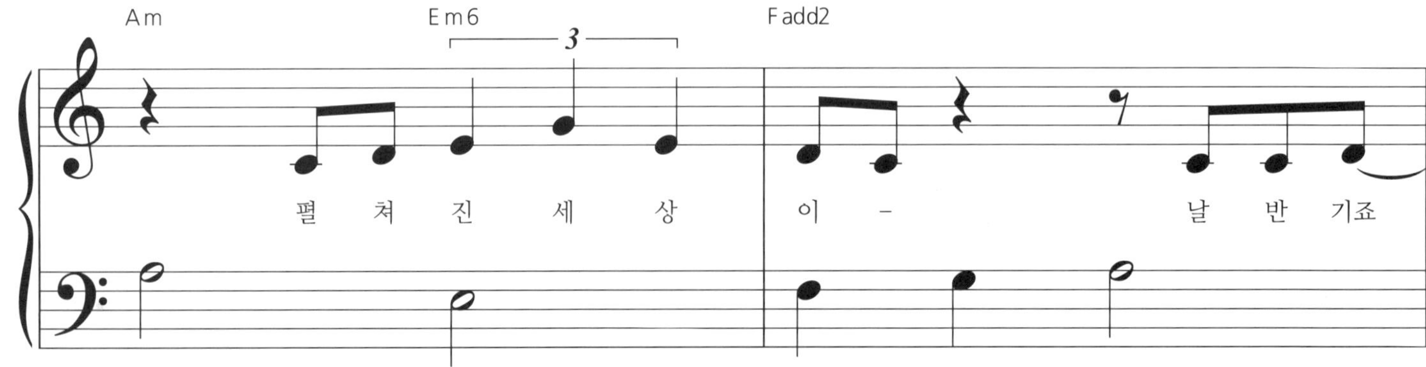

G sus C Em

– 그 대 곁 에 다 가 가 –

F G C Em

– 안 기 고 싶 어 요 머 물 고 싶 죠

F G C G/B

– 그 대 라 는 세 상 에 I owe you I miss you

Am Em/B F/C F

I need you I love you – 영 원 토 록

Gsus4 Cadd2

그 대 – 품 에 –

G C F/A

하 루 하 루 가

G/B C Am D7/A

새 롭게 다 가 와 내 맘 설 레 게 하

Gsus4 G C F/A

죠 꿈 에 그 리 던

G/B C Am Em/B

그 대 있 으 니 두 려 운 떨 림

F add2 G sus4 C G/B

도 – 웃 게 하 죠 I owe you I miss you

Am Em/B F/C F G sus4

I need you I love you – 영 원 토 록 그 대 – 품 에

C G CM7

–

· 드라마 ·
《도깨비》

이쁘다니까

이창민, 김원 작사 · 작곡 | 에디킴 노래

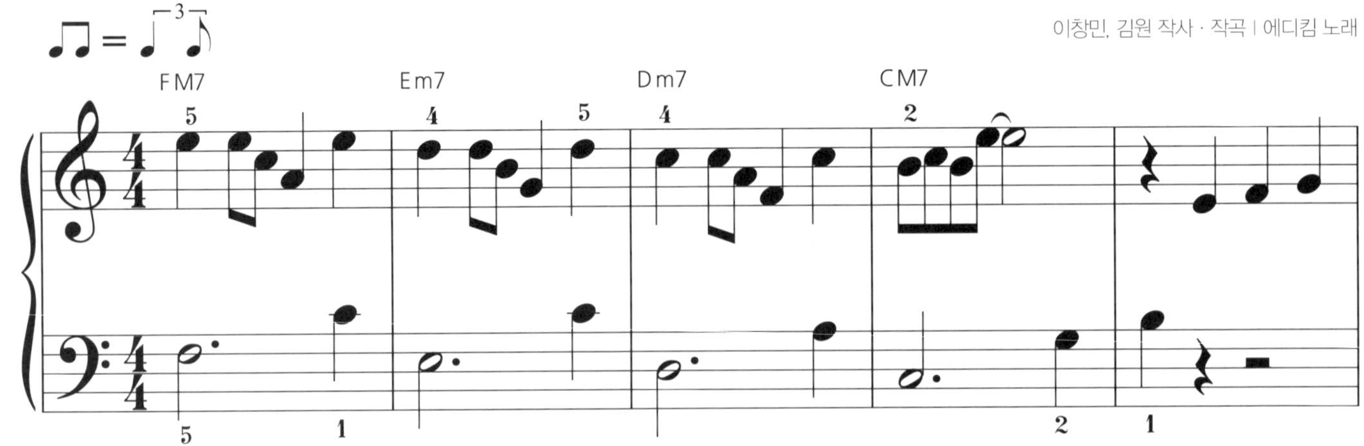

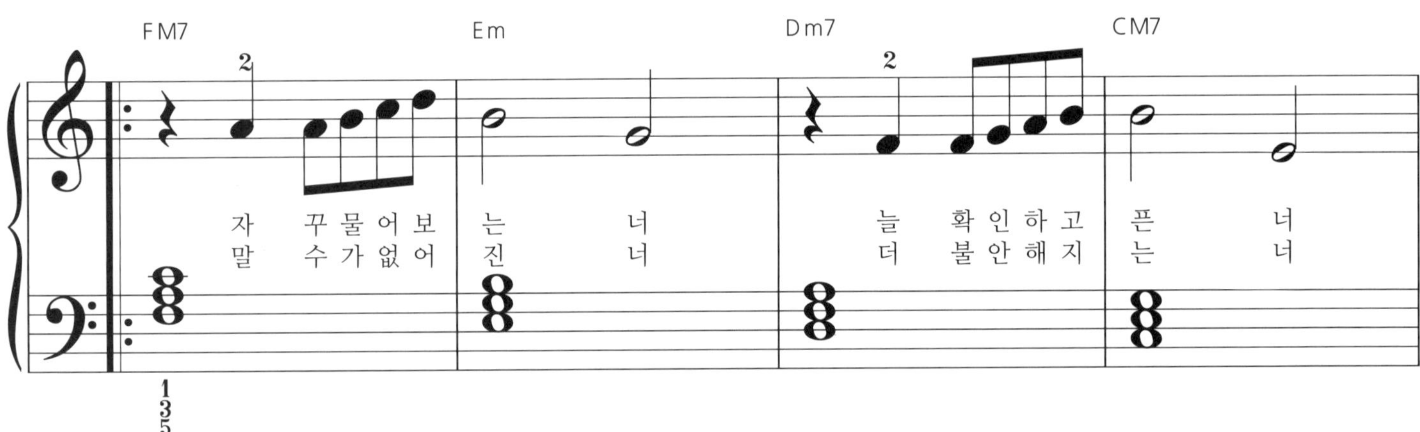

FM7 Em7 E♭m Dm7 G sus4

듣고싶은말 그 듣고싶은말 나 를 시험 하 는 말 너

FM7 G7/F Em7 Am7/E

정 말 이 쁘 다 이 쁘 다 이 쁘 다 니 까 왜

Dm7/F G C Am7 Dm7/F G/F

내 말 믿 지 않 는 건 데 왜 말 하 고 말 하 고 아

C Am F G C

무 리 말 해 도 화 난 듯 한 너 의 그 표 정

NO COPY

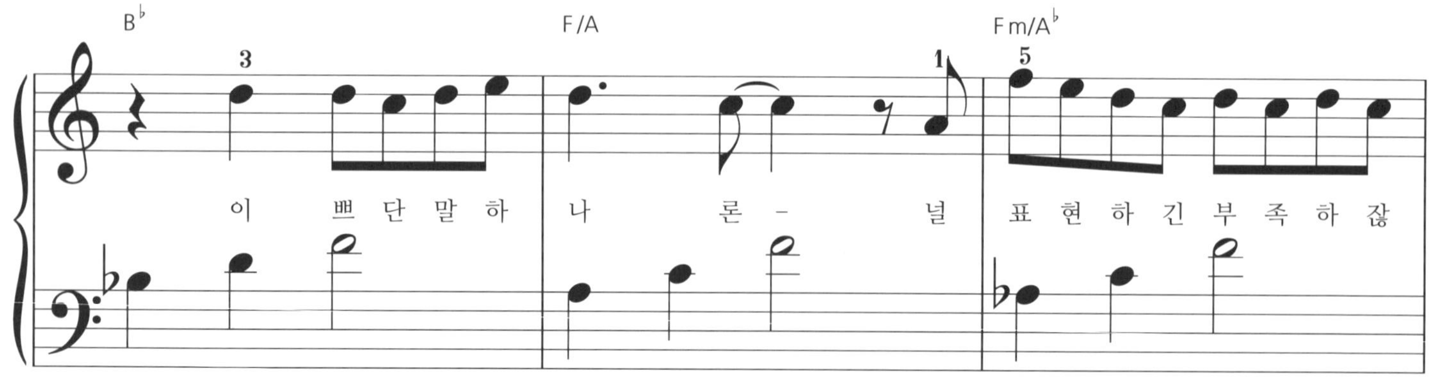
B♭
F/A
Fm/A♭
이 쁘 단 말 하 나 론 - 널 표 현 하 긴 부 족 하 잖

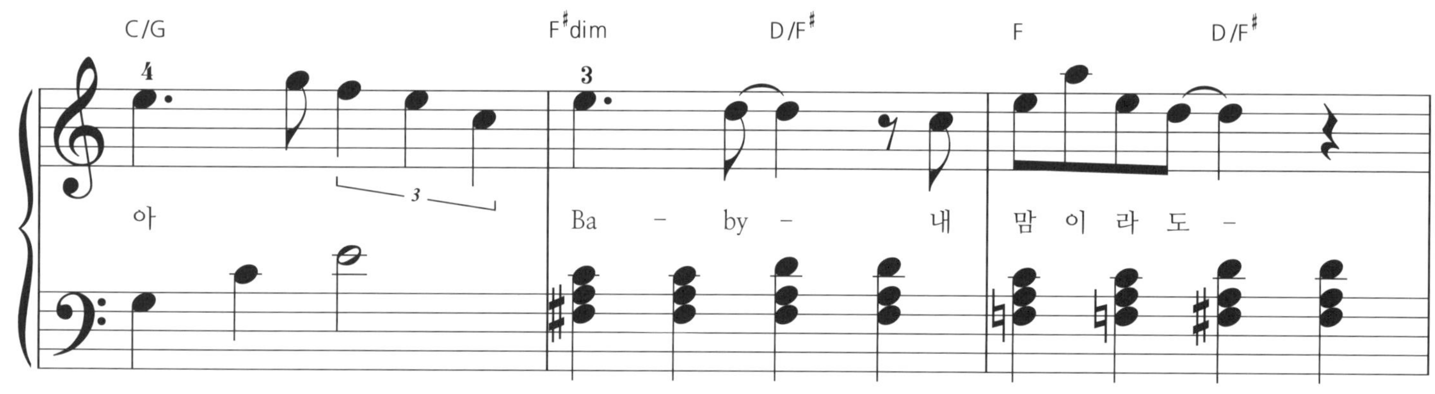
C/G
F♯dim
D/F♯
F
D/F♯
아 Ba - by - 내 맘 이 라 도 -

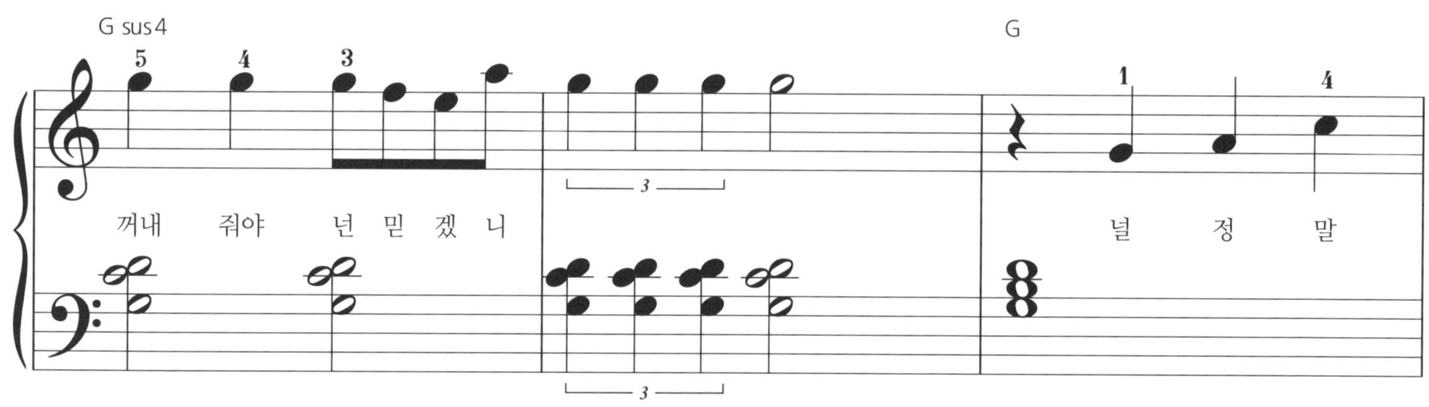
G sus4
G
꺼내 줘야 넌 믿 겠 니 널 정 말

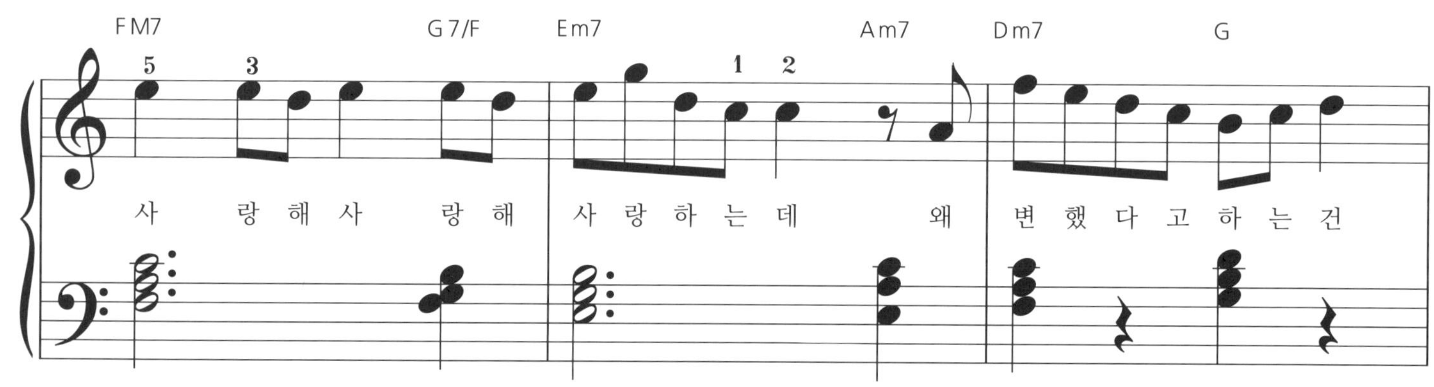
FM7
G7/F
Em7
Am7
Dm7
G
사 랑 해 사 랑 해 사 랑 하 는 데 왜 변 했 다 고 하 는 건

NO COPY

C
Am7
Dm7/F
G7/F
C
Am
데 왜
화 내 고 삐 지 고 매
일 토 라 져 도 그 것

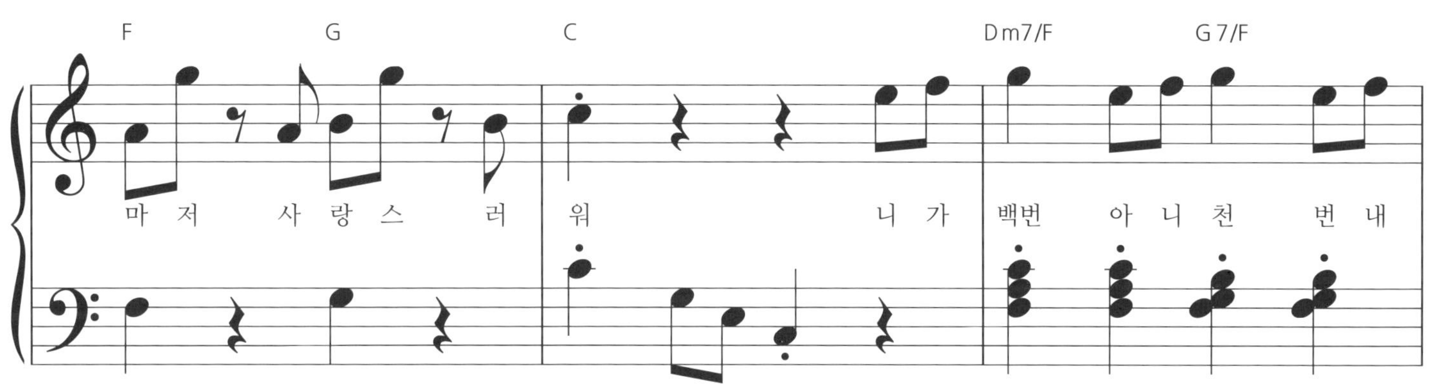
F
G
C
Dm7/F
G7/F
마 저 사 랑 스 러
워 니 가
백번 아 니 천 번 내

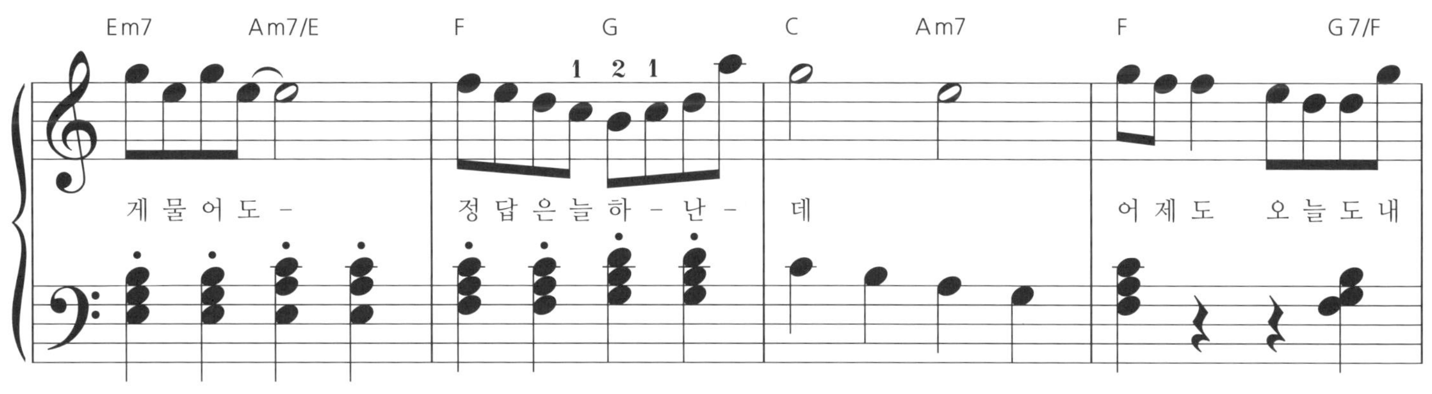
Em7
Am7/E
F
G
C
Am7
F
G7/F
1 2 1
게 물 어 도 –
정 답 은 늘 하 – 난 –
데
어 제 도 오 늘 도 내

C
Am7
F
G
C
일 또 물 어 도 세 상
에 서 니 가 제일
– 이
뻐

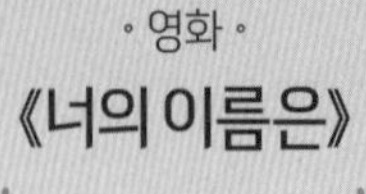

전전전세

Noda Youjirou 작곡

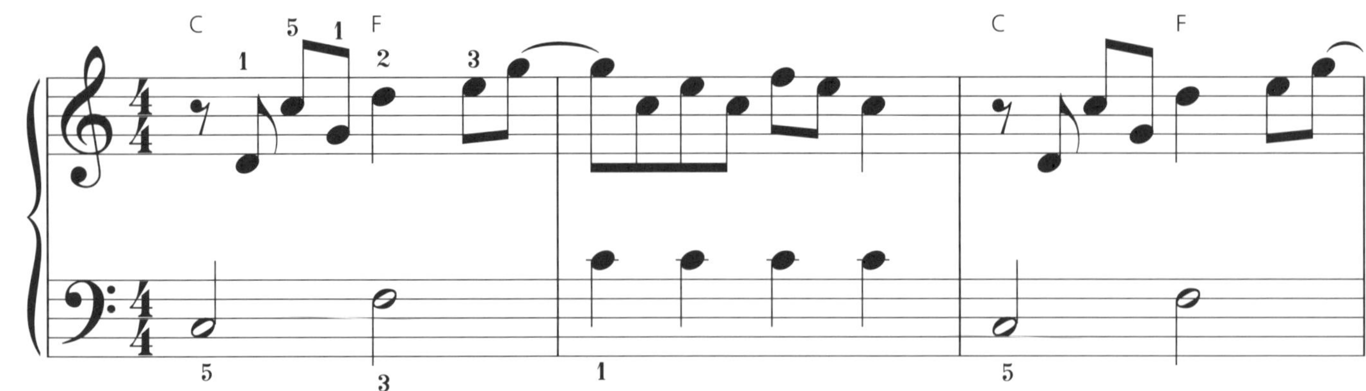

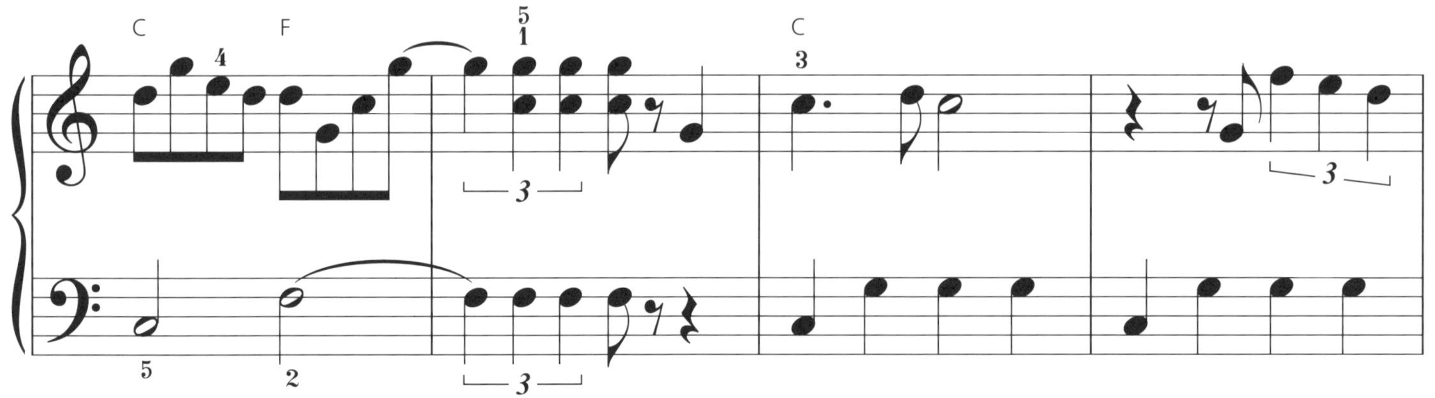

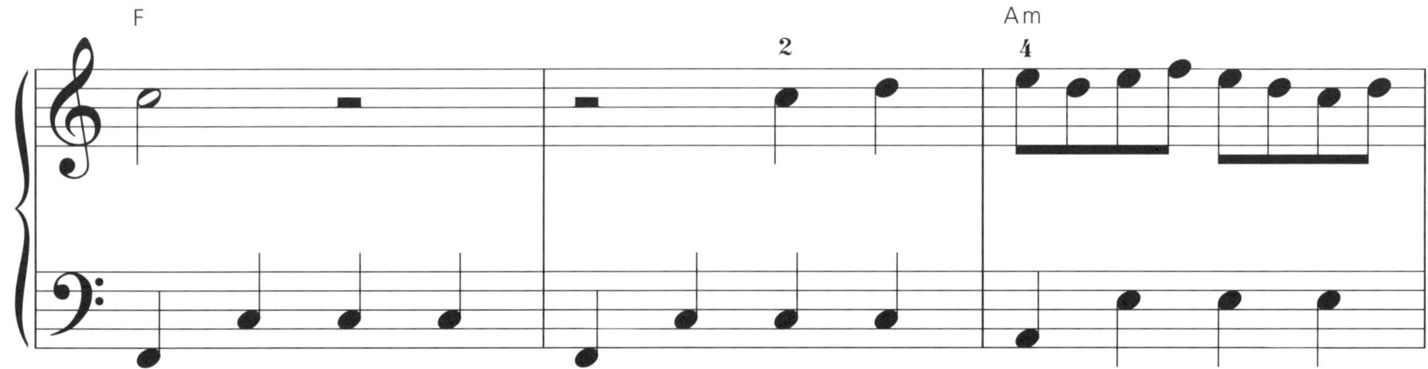

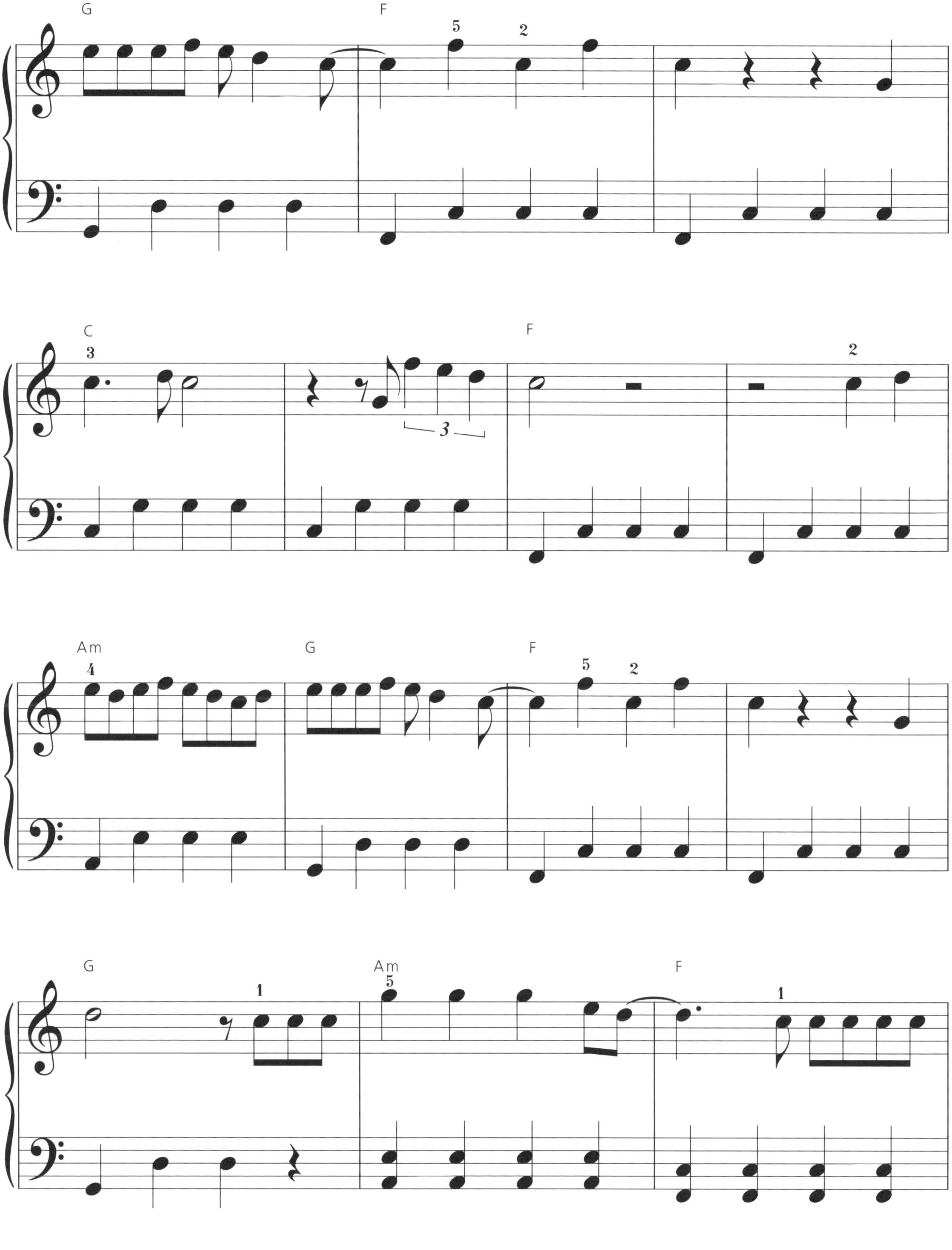
G
F
5
2
C
3
F
3
2
Am
4
G
F
5
2
G
1
Am
5
F
1

C G/B 1 Am

F 1 2 1 G sus4 G 1

Am F/A C

G/B Am F/A

C Am 1 F C/G
2

G7/D Am F C/G G/D

Am F C/G G/D Am F C/G

G C/F F C

· 드라마 ·
《푸른바다의 전설》

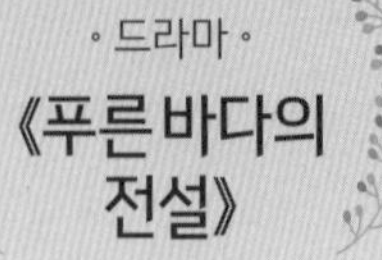

바람꽃

톰이랑 제리 2, 톰이랑 제리 1, 하나 작사
톰이랑 제리 2, 톰이랑 제리 1 작곡 | 이선희 노래

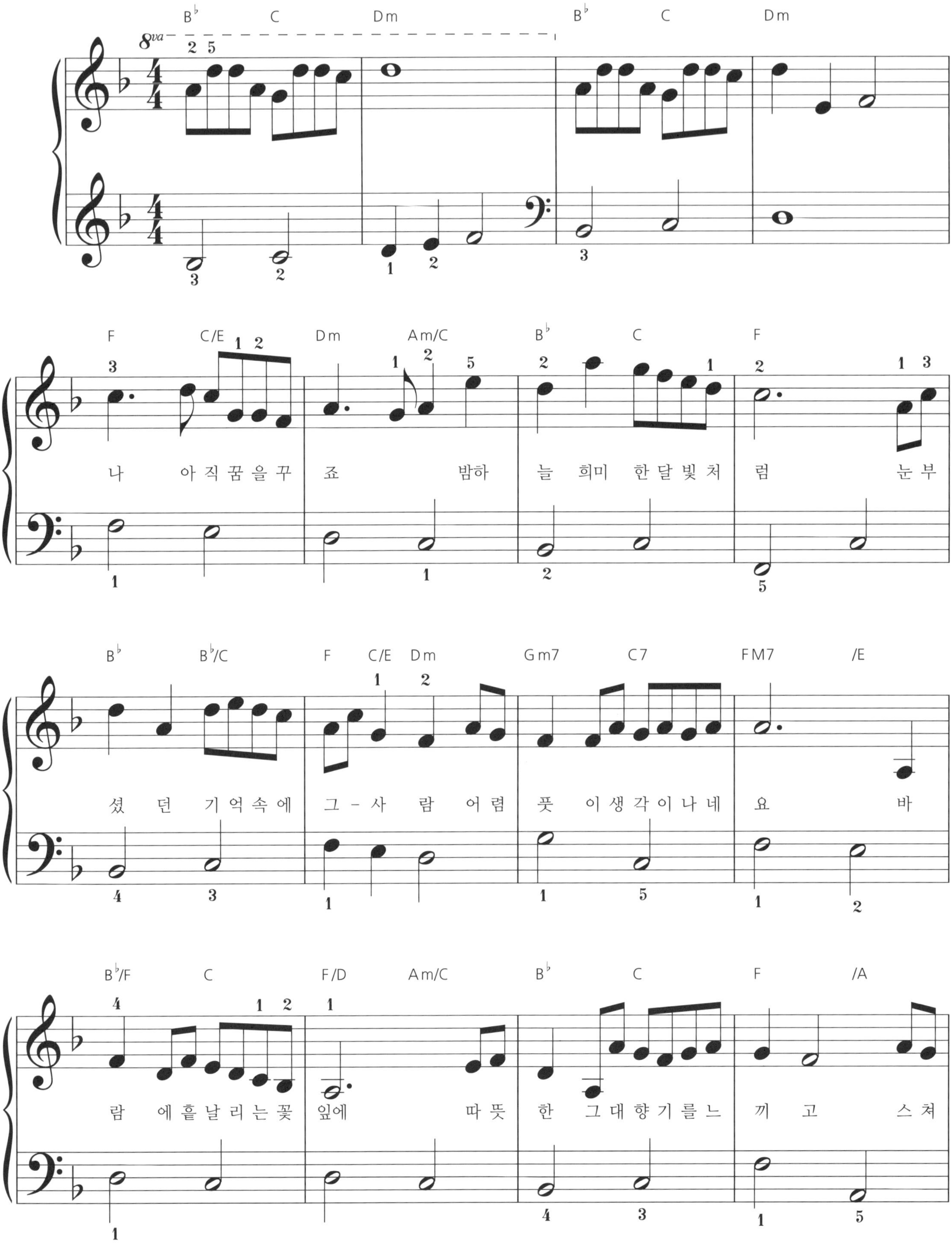

B♭ C Dm B♭ C Dm
8va
F C/E Dm Am/C B♭ C F
나 아직꿈을꾸 죠 밤하 늘 희미 한달빛처 럼 눈부
B♭ B♭/C F C/E Dm Gm7 C7 FM7 /E
셨 던 기억속에 그 – 사 람 어렴 풋 이생각이나네 요 바
B♭/F C F/D Am/C B♭ C F /A
람 에흩날리는꽃 잎에 따뜻 한 그대향기를느 끼 고 스쳐

B♭ C A/C♯ Dm /C B♭ Em7(♭5) A7sus4 A7
지나 간 듯 한 짧 았 었던 인 연 이 이 제 내 전 부 인 걸 요 같 은

B♭ C Dm /C B♭ C F
하 늘아 래 그대와 함 께 있 다 는 걸 지 워질까 - 두 려 운 거 죠 푸 른

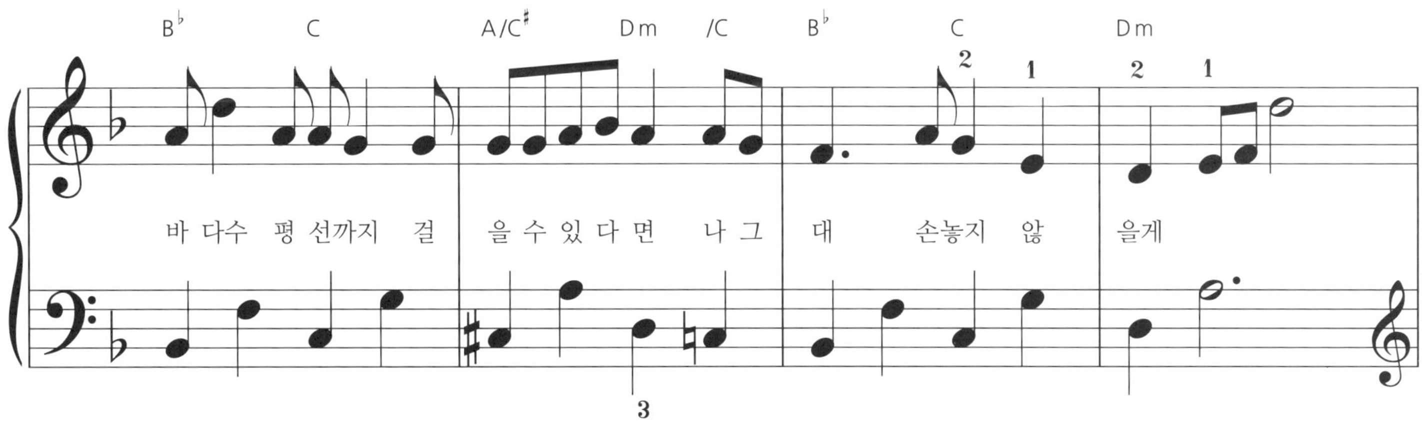
B♭ C A/C♯ Dm /C B♭ C Dm
바 다수 평 선까지 걸 을 수 있 다 면 나 그 대 손놓지 않 을게

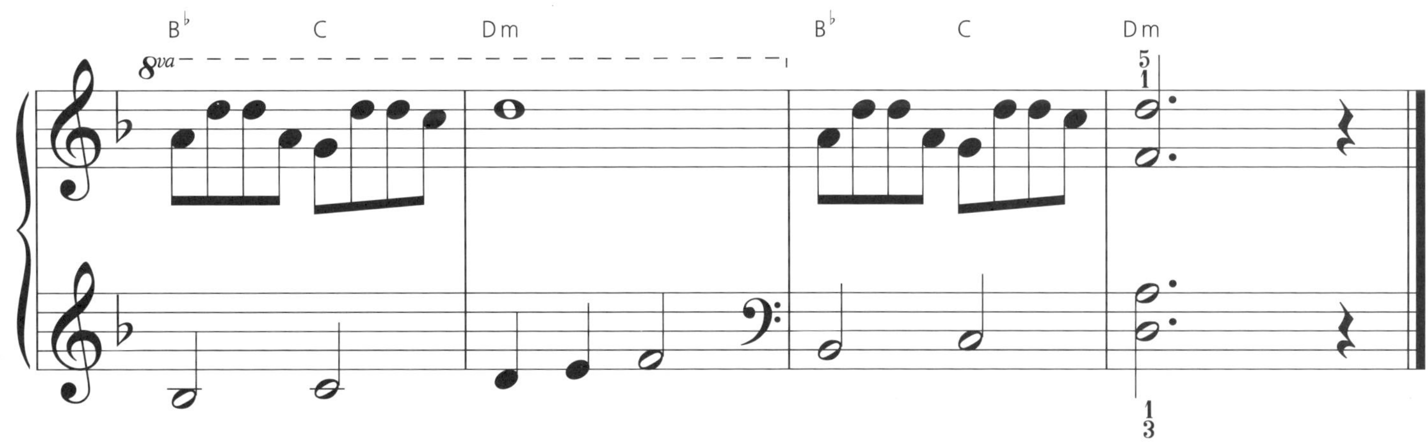
B♭ C Dm B♭ C Dm
8va

스테이 위드 미

지훈 작사 | 로코, 코난, 이승주 작곡 | 찬열, 펀치 노래

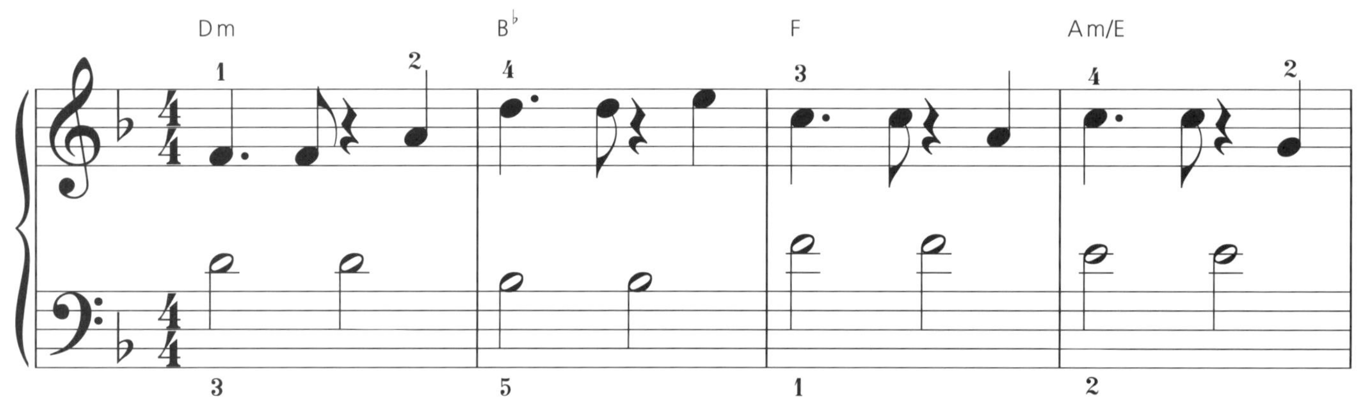

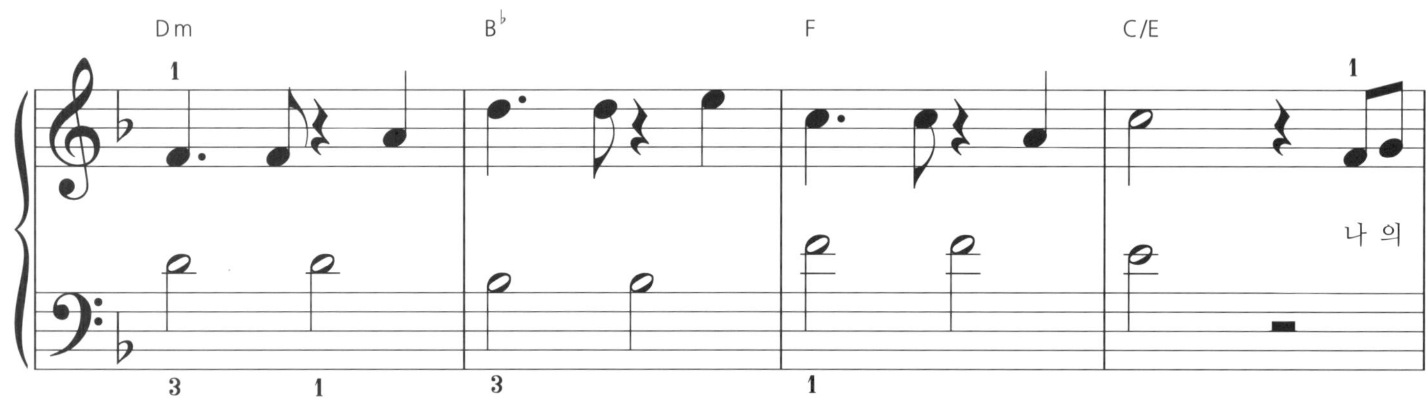

NO COPY

Dm7
B♭
F
C/E
가 슴 이 시 - 려 - 서 잊 혀 지 길 바 - 랬 - 어 꿈

Dm
B♭
F
C/E
이 라 면 - 이 제 깨 어 났 으 면 - 제 발 정

Dm
B♭
F
C/E
말 네 가 - 나 의 운 명 인 걸 까 - 넌 - Fall - ing You

Em
Am/E
Dm
B♭
Gm7
- 운 명 처 럼 너 를 Falling 또 나 를 부르네Calling 헤 어 나올수없 어 제 발

NO COPY

Am Dm B♭ Gm7
Hold me 내 인 연의끈이 넌 지 기 다 린네가맞 는 지 가 슴 이먼저왜 내 려 앉

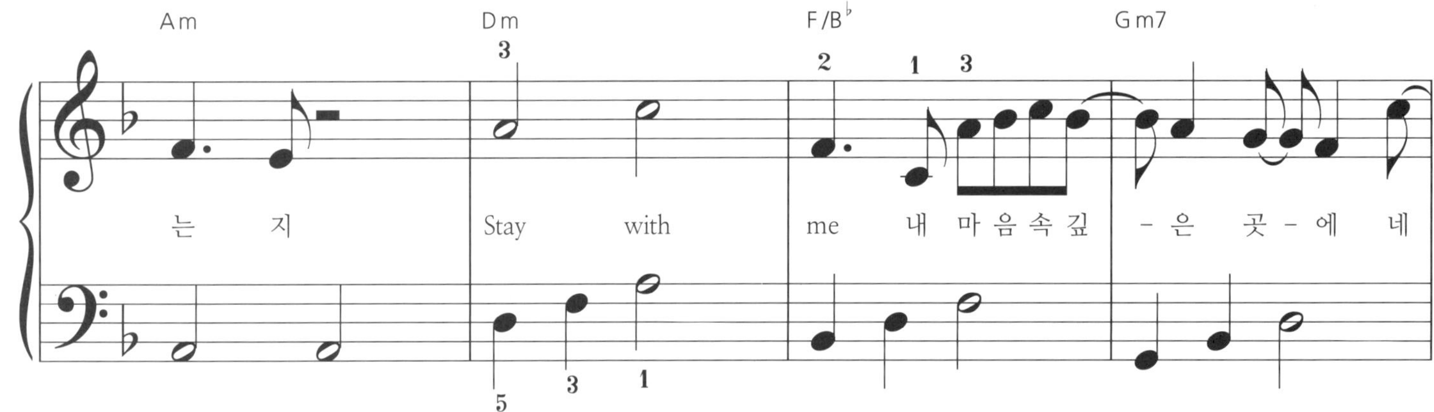
Am Dm F/B♭ Gm7
는 지 Stay with me 내 마 음 속 깊 - 은 곳 - 에 네

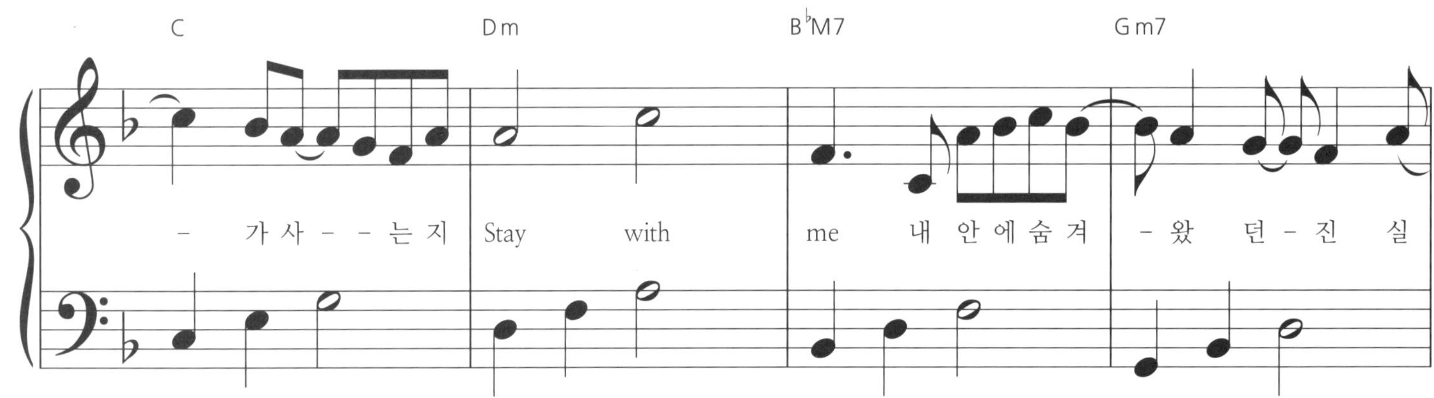
C Dm B♭M7 Gm7
- 가 사 - - 는 지 Stay with me 내 안 에 숨 겨 - 왔 던 - 진 실

Am Dm B♭ F
- 나 의 두 눈 을 감 - 으 면 - 떠 오 르 는 그 - 눈 동

C/E Dm B♭

5

자 자 꾸 가 슴 이 시 - 려 - 서 잊 혀

1
5
1
5

F C/E Dm

지 길 바 - 랬 어 - 꿈 이 라 면 - 이 제

B♭ F/C C/E Dm

깨 어 났 으 면 제 발 정 말 네 가 - 나 의

B♭ F C/E Dm

2 3

운 명 인 걸 까 - 넌 - Fall - ingYou -

• 영화 •
《라라랜드》

시티 오브 스타

Pasek Benj, Paul Justin Noble, Hurwitz Justin 작사·작곡

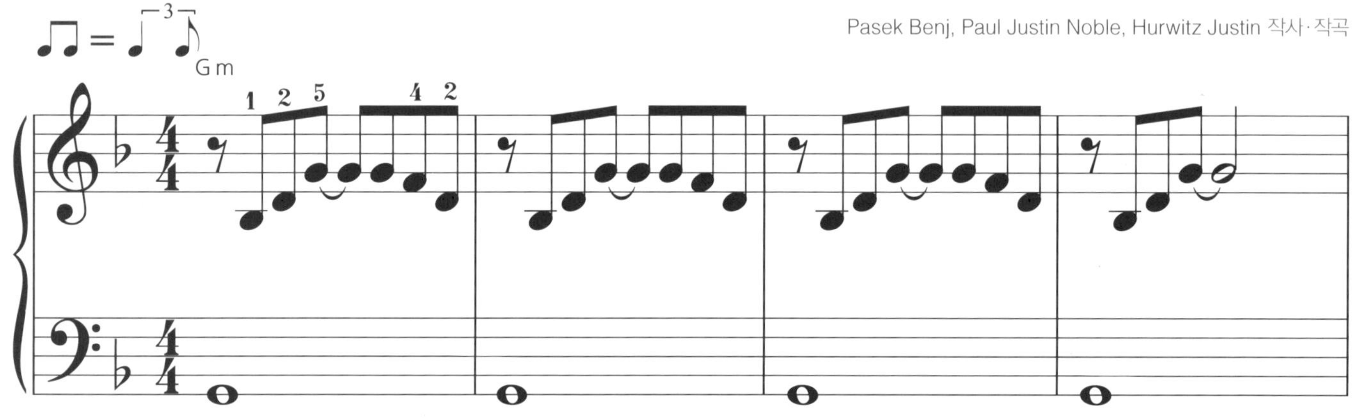

NO COPY

F
Gm
see
Who
knows

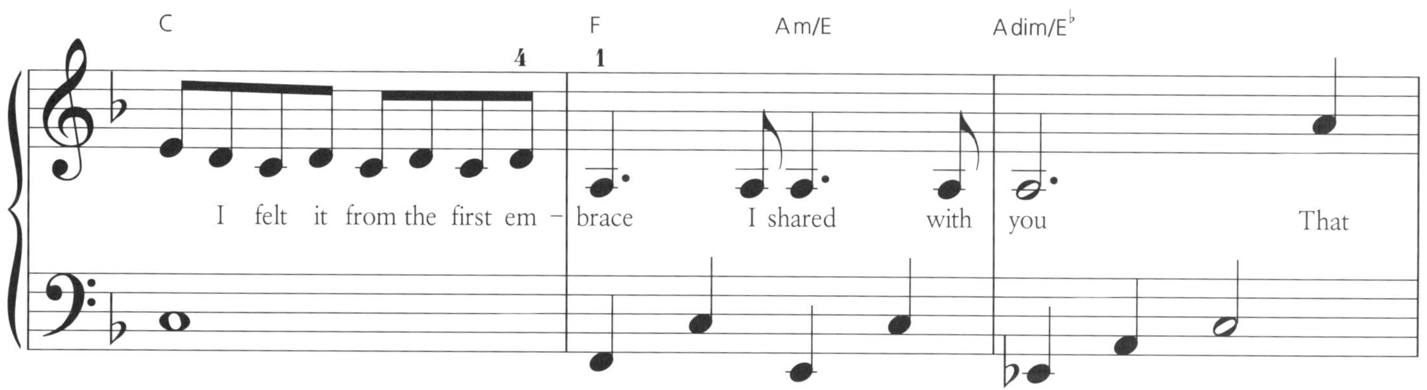
C
F
Am/E
Adim/E♭
4
1
I felt it from the first em – brace I shared with
you
That

Gm
A7
3
Dm
2
1
4
now
our
dreams They've final – ly come
true

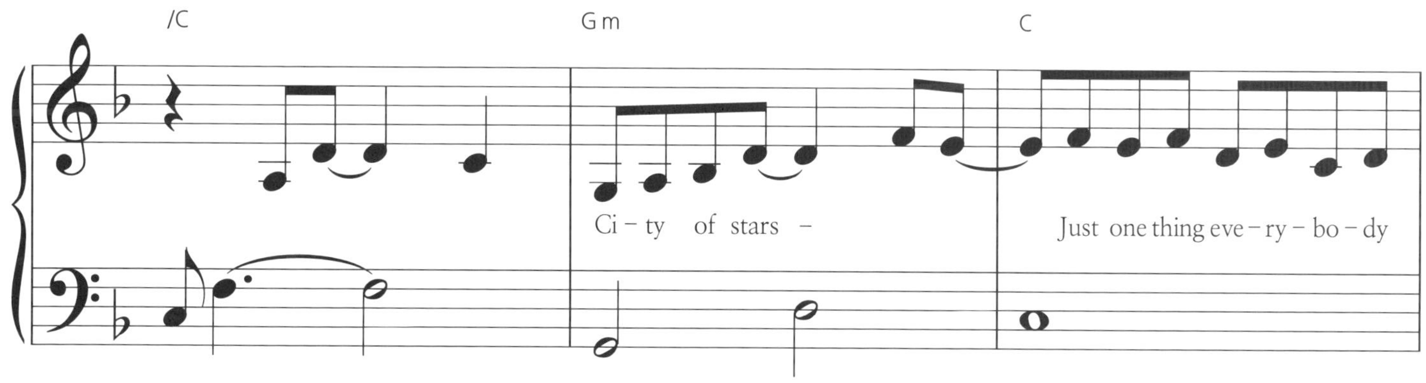
/C
Gm
C
Ci – ty of stars –
Just one thing eve – ry – bo – dy

NO COPY

Dm
Gm
wants
There in the bars –

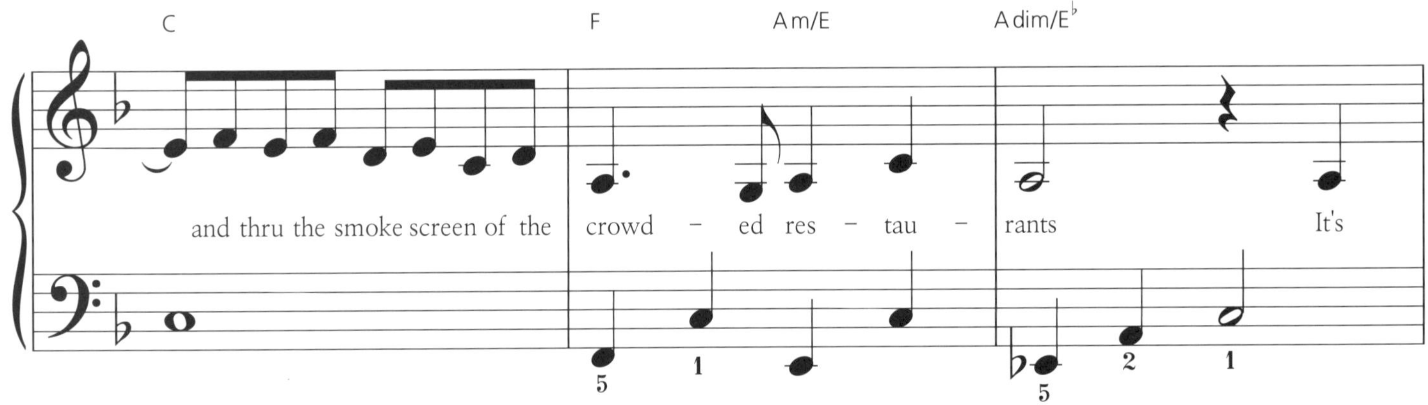
C
F
Am/E
Adim/E♭
and thru the smoke screen of the
crowd – ed res – tau –
rants It's
5 1
5 2 1

Gm
C
F
Am/E
love
Yes all we're look–ing for is
love from some – one –

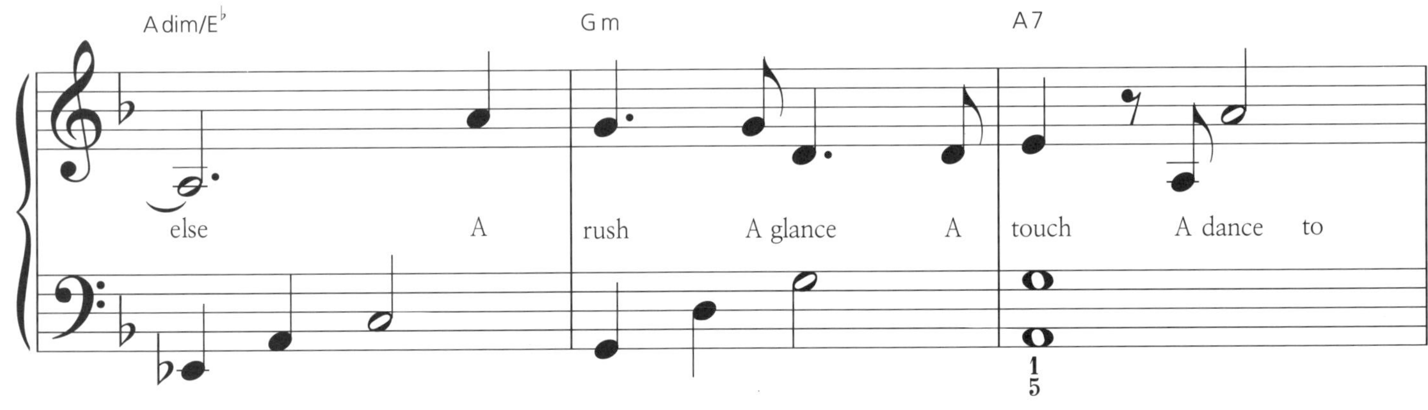
Adim/E♭
Gm
A7
else A
rush A glance A
touch A dance to
1
5

NO COPY

B♭
C
Am
look in some-bo-dy's eyes - To light up the skies To o-pen the world

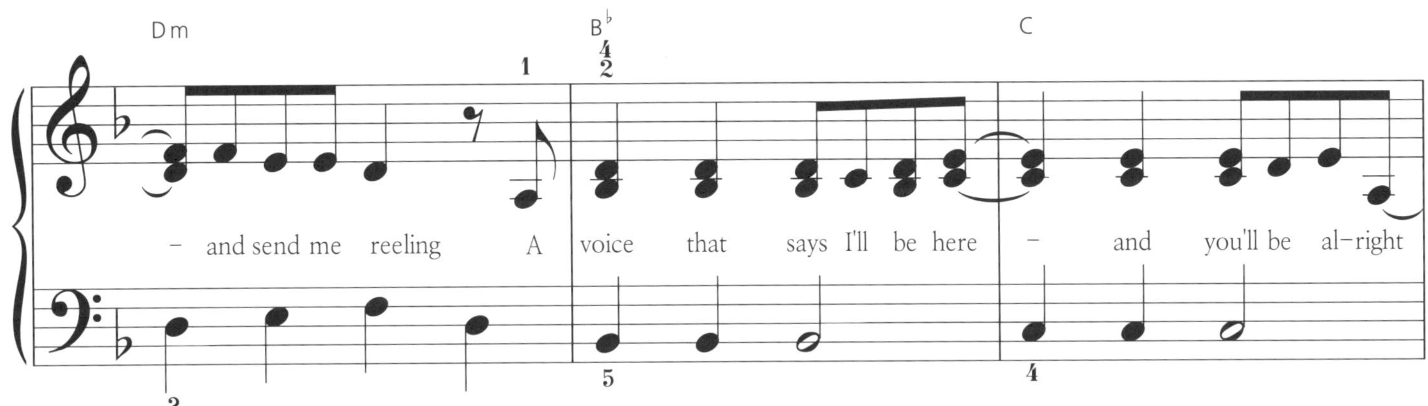
Dm
B♭
C
- and send me reeling A voice that says I'll be here - and you'll be al-right

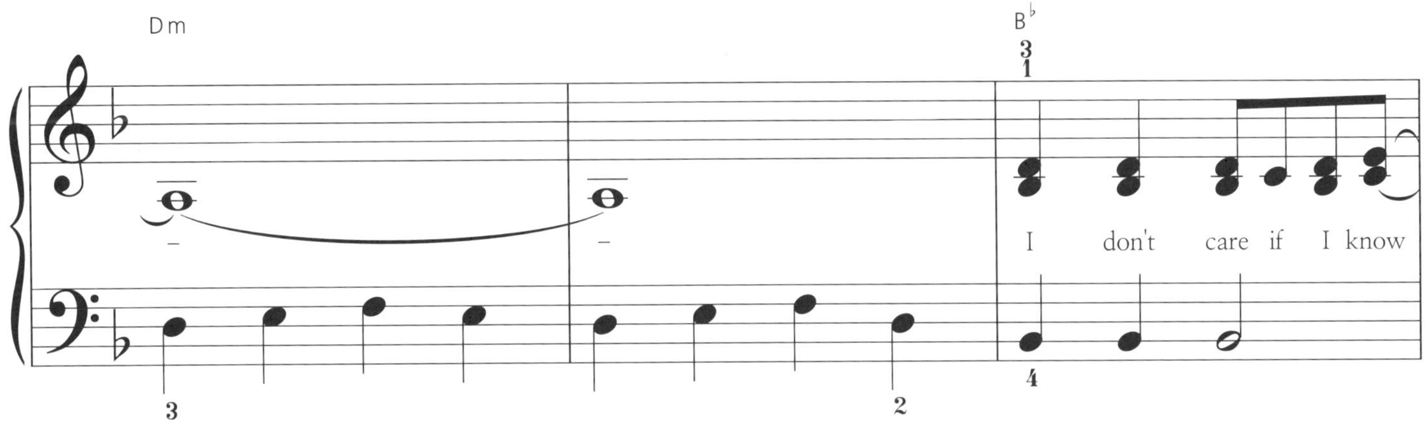
Dm
B♭
- -
I don't care if I know

C
Am
Dm
- just where I will go - Cause all that I need - this craz-y feeling A

NO COPY

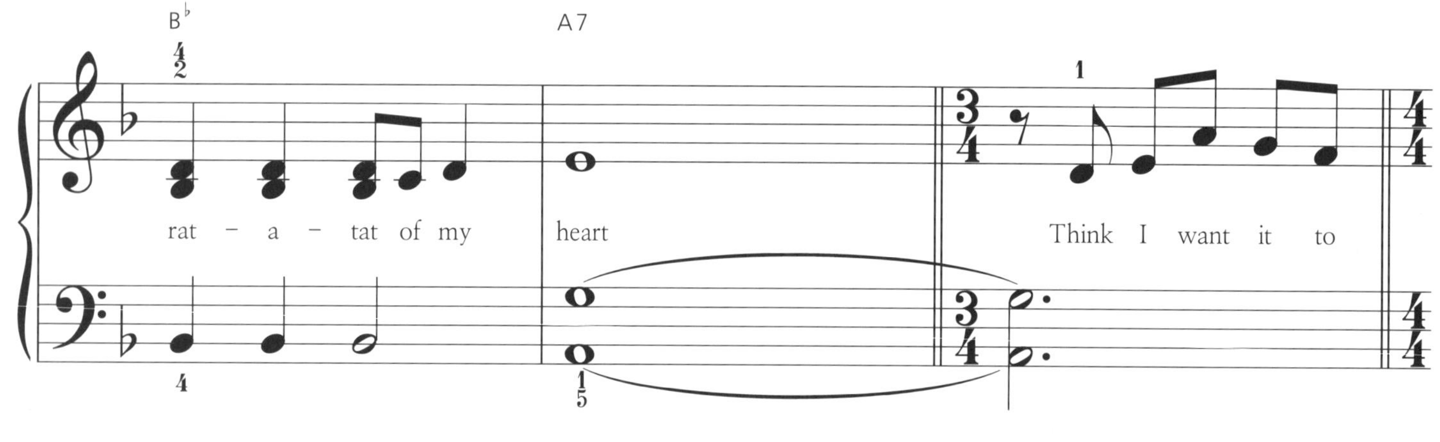
B♭
A7
rat – a – tat of my
heart
Think I want it to

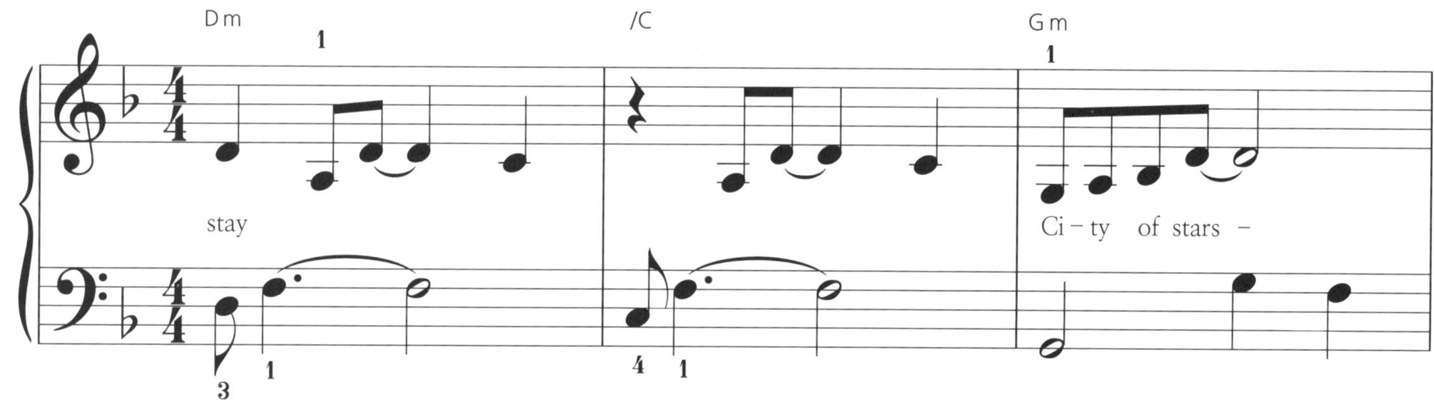
Dm
/C
Gm
stay
Ci – ty of stars –

C
F
Gm
Are you shining just for
me
Ci–ty of stars –

A7
Dm
rit.
Ne – ver
shine so bright – ly

◦ 드라마 ◦
《도깨비》

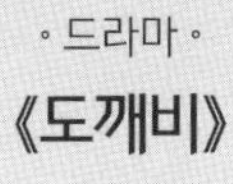

허쉬

조혜음, 김희진 작사 | 남혜승, 김희진 작곡 | 라쎄린드 노래

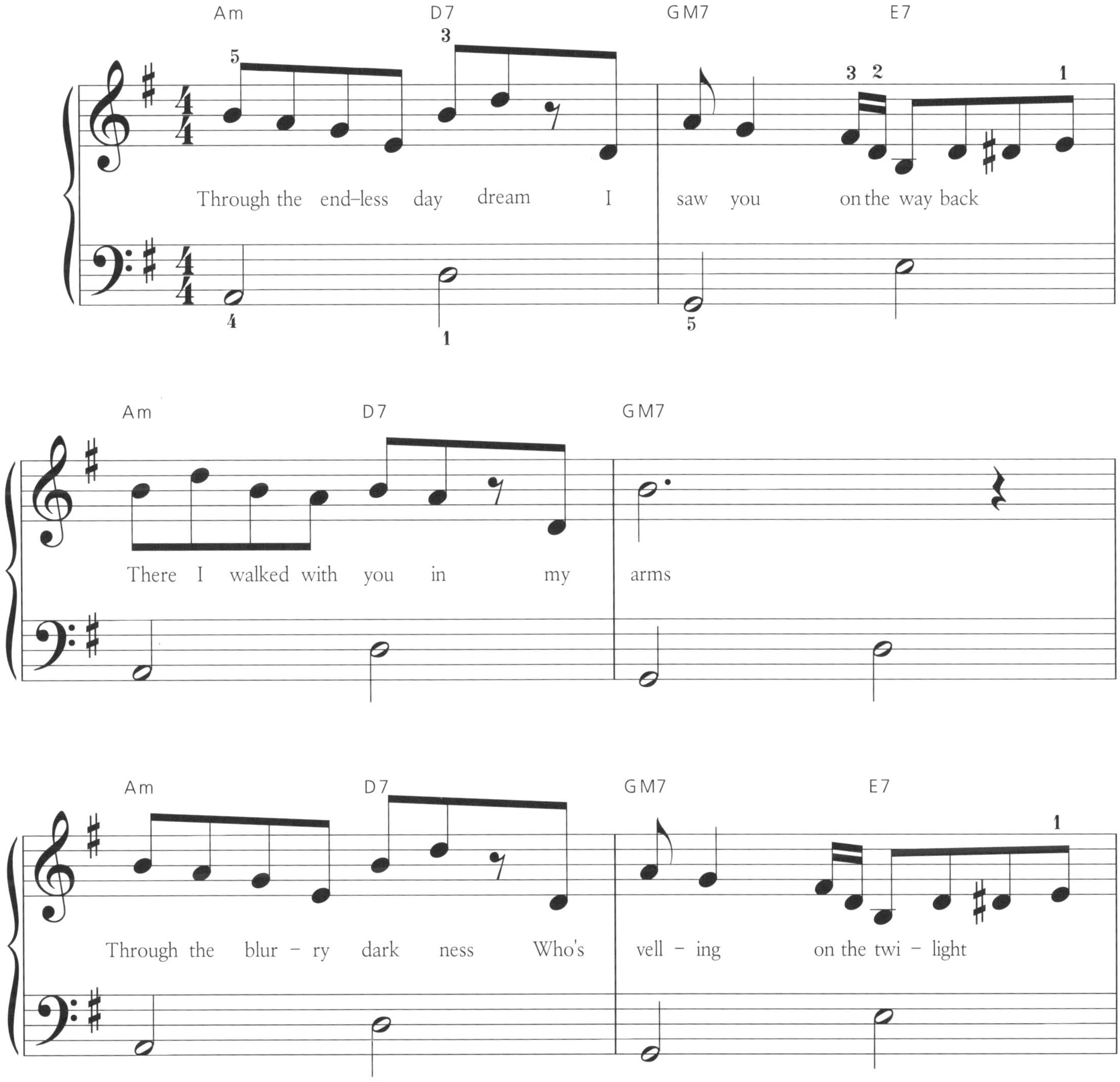

Am D7 GM7 E7
Through the end-less day dream I saw you on the way back
Am D7 GM7
There I walked with you in my arms
Am D7 GM7 E7
Through the blur - ry dark ness Who's vell - ing on the twi - light

NO COPY

Am
D7
GM7
We've been far a – way from my fears

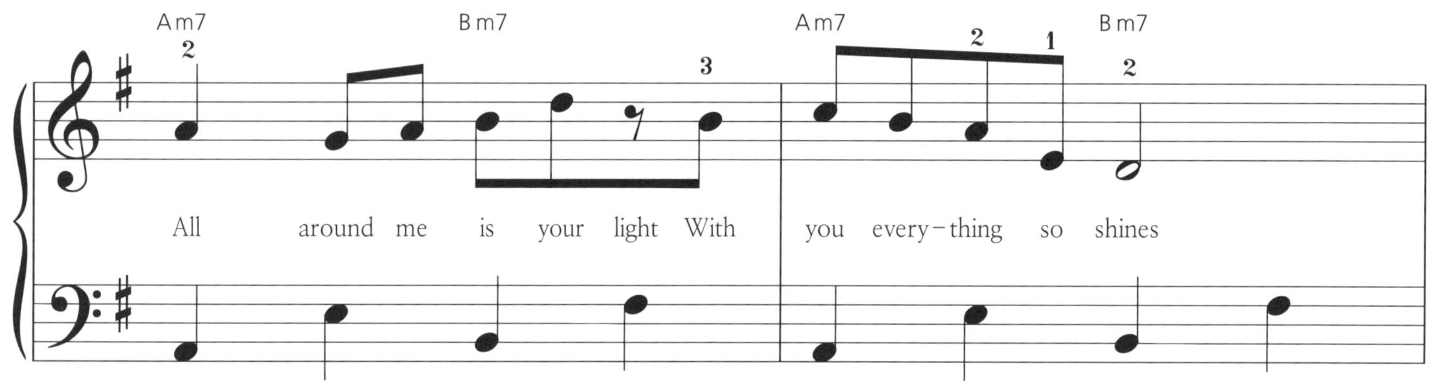
Am7
Bm7
Am7
Bm7
All around me is your light With you every – thing so shines

Am7
Bm7
Am7
Bm
How come we'll leave all behind Cause your love is fall – ing on my heart And I'm

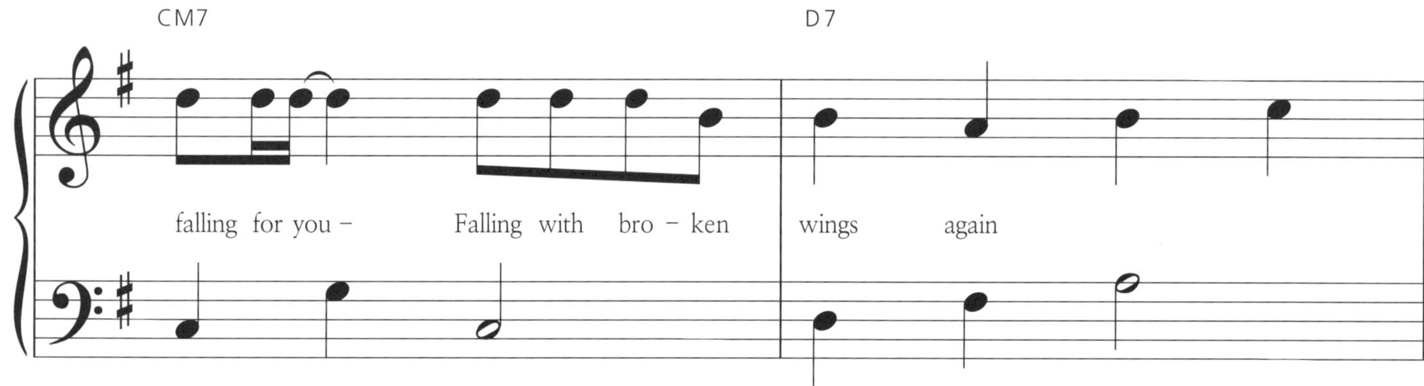
CM7
D7
falling for you – Falling with bro – ken wings again

G C/E D/F♯ G Em7 Am7

Hush now my an-gel I will always be with you In your pretty smile in a
May - be someday you'll wake up a-lone without me But don't cry again I'll be

3

G/B C 1. D7

glow of tears Out a - cross the frosty night I'll be there with you
waiting here where the moon is on the rise As the

2. D7 G Dm/F C/E Cm/E♭

4

olden days

G Am7 G F♯7 F6 E♭M7 D7 G

3 2 3

• 드라마 •
《도깨비》

첫눈처럼 너에게 가겠다

이미나 작사 | 로코, 코난 작곡

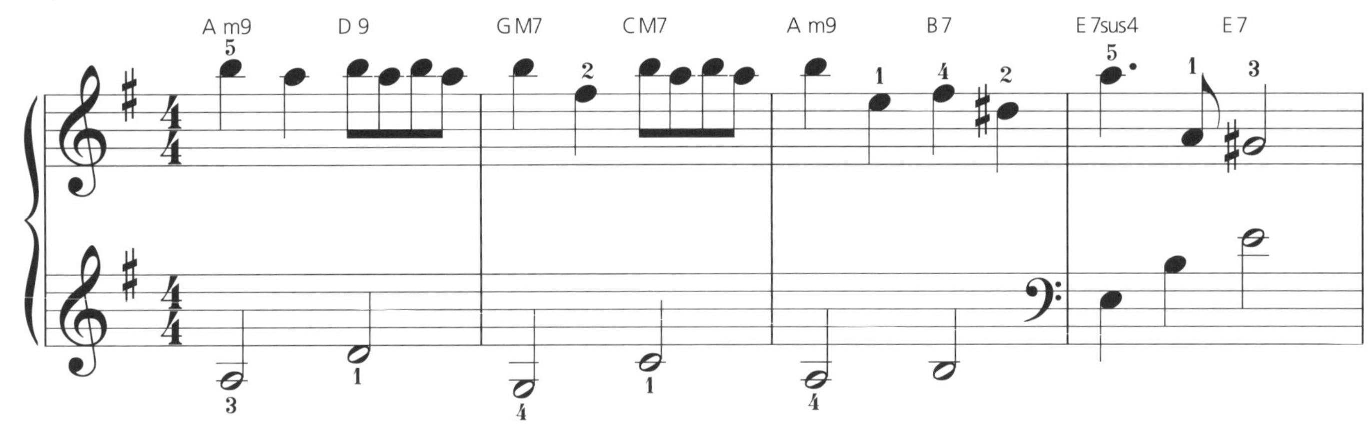

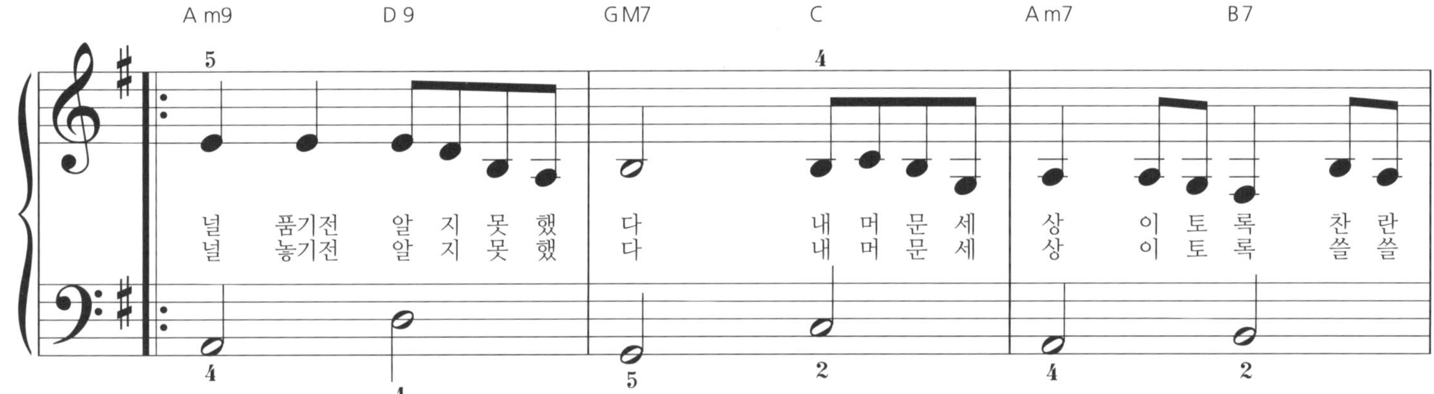

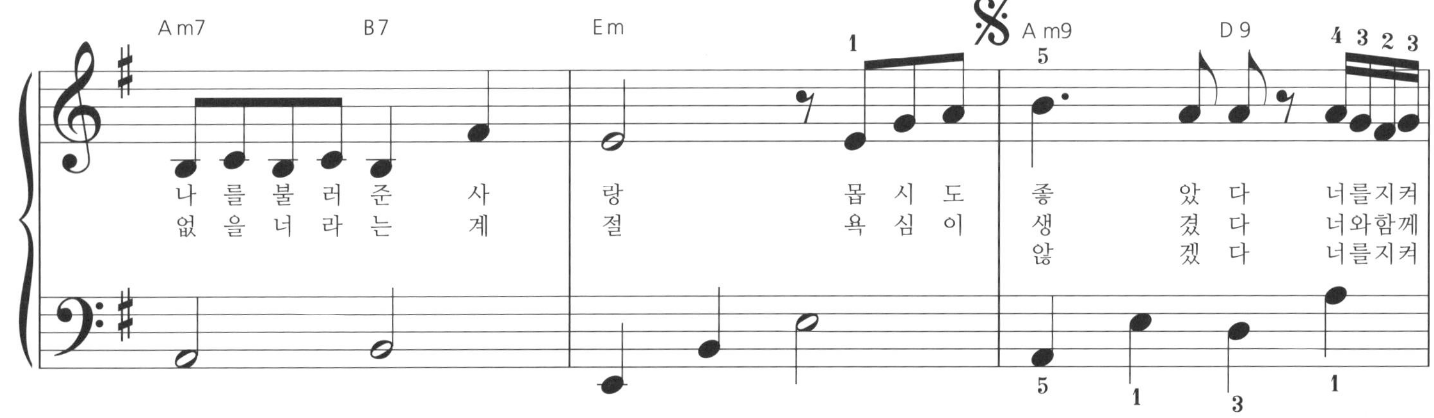

NO COPY

GM7 CM7 Am9 B7 E7sus4 E7
보 고 설 레 고 우 습 게 질 투 도 했 던 평 범 한 모든순간 들 이 캄 캄
살 고 늙 어 가 주 름 진 손 을 맞 잡 고 내 삶 은 따뜻했었 다 고 단 한
보 고 설 레 고 우 습 게 질 투 도 했 던 니 가 준 모든순간 들 이 언 젠

Am9 D9 GM7 CM7 Am7 B7sus4 B7
한 영 원 그 오 랜 기 다 림 속으 로 햇 살 처 럼 니 가 내 렸
번 축 복 그 짧 은 마 주 침 이지 나 빗 물 처 럼 너 는 울 었
가 만 날 우 리 가 장 행 복 한그 날 첫 눈

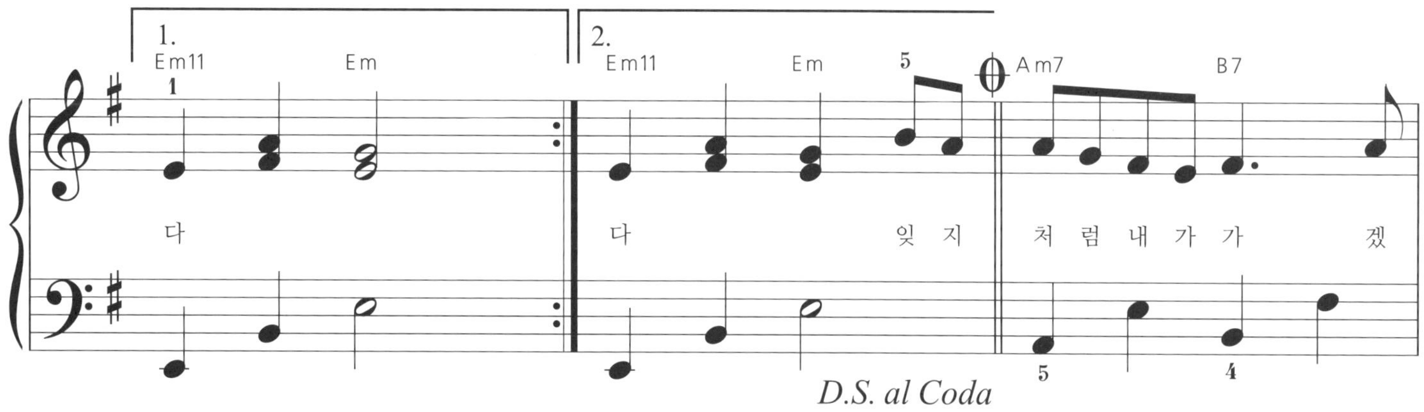
1. 2.
Em11 Em Em11 Em Am7 B7
다 다 잊 지 처 럼 내 가 가 겠
D.S. al Coda

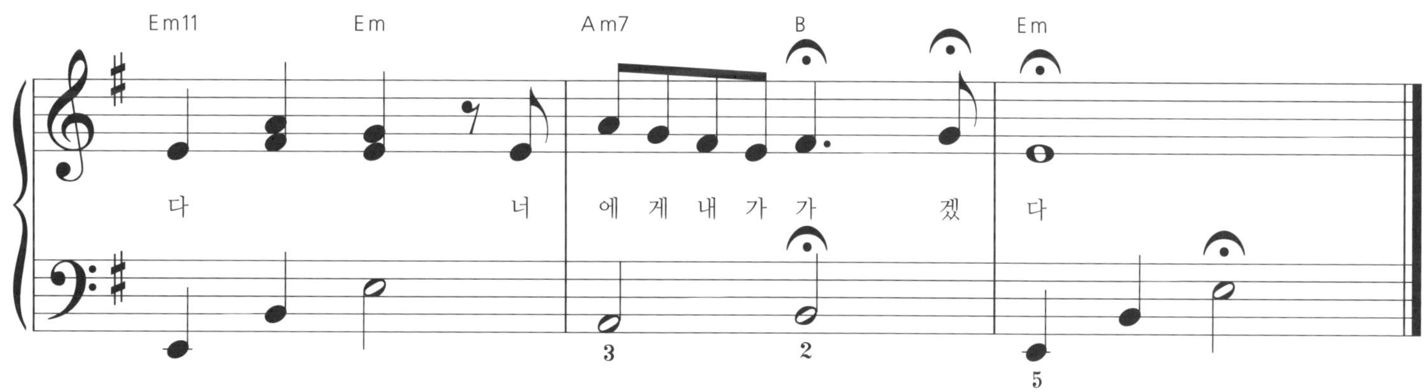
Em11 Em Am7 B Em
다 너 에 게 내 가 가 겠 다

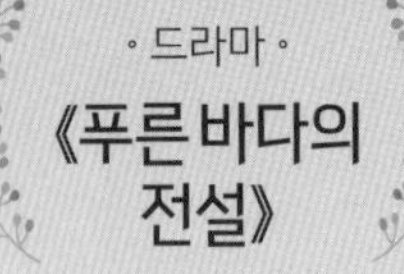

어디선가 언젠가

김이나 작사 I 성시경 작곡·노래

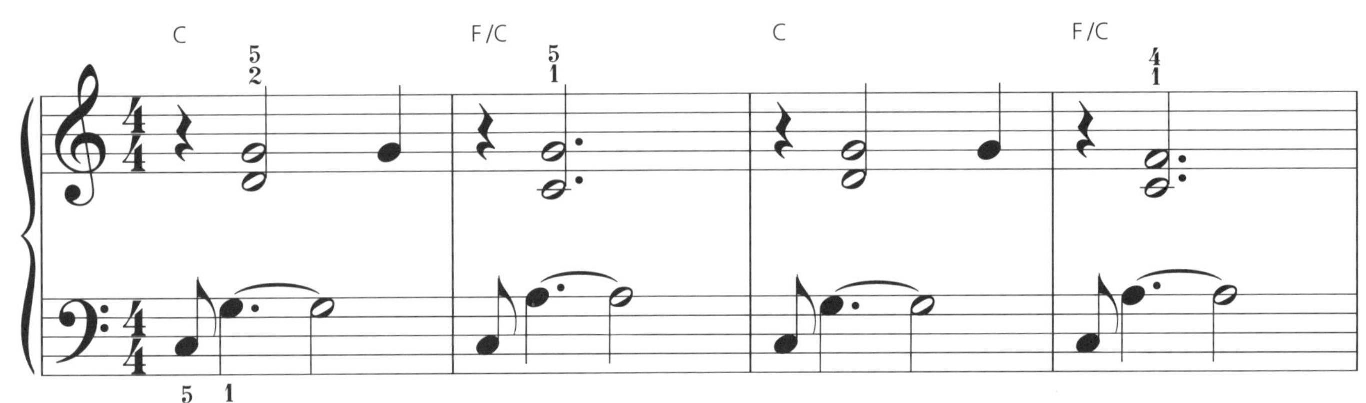

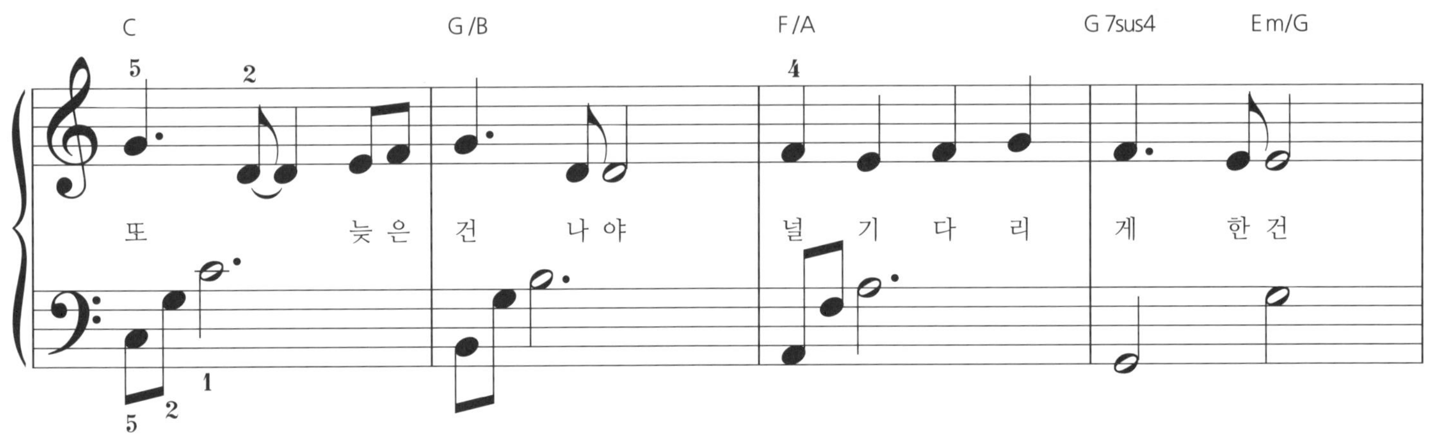

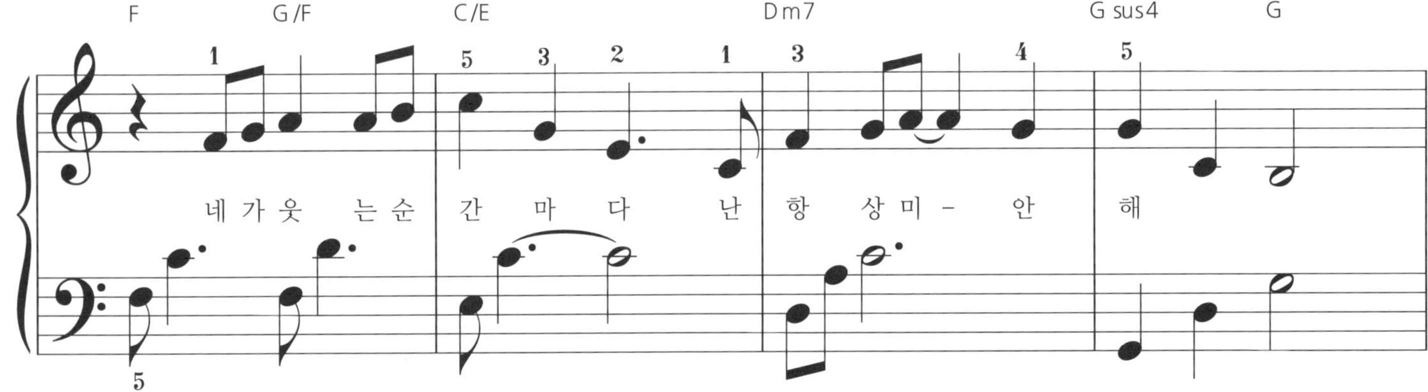

FM7
Ddim/F
Em 7
D♯dim7
소 중 한 건
언 제 나
날 겁 나 게
만 들 어 –

Dm 7
C/E
FM7
G sus4
넌 내 가 처 음
가 져 보 는 내 제 일
아 픈 손 – 가
락

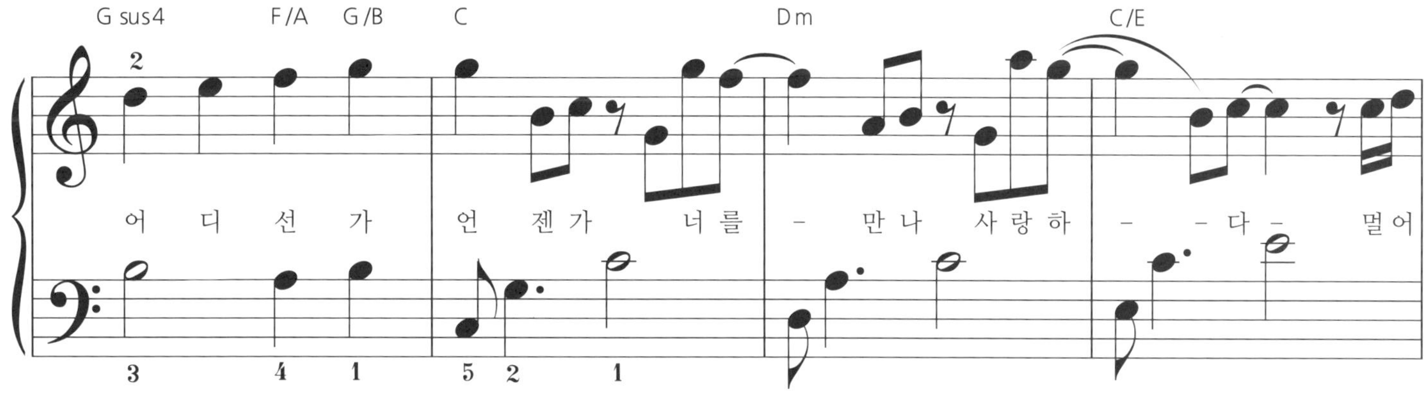
G sus4
F/A
G/B
C
Dm
C/E
어 디 선 가
언 젠 가 너 를
– 만 나 사 랑 하
– – 다 – 멀 어

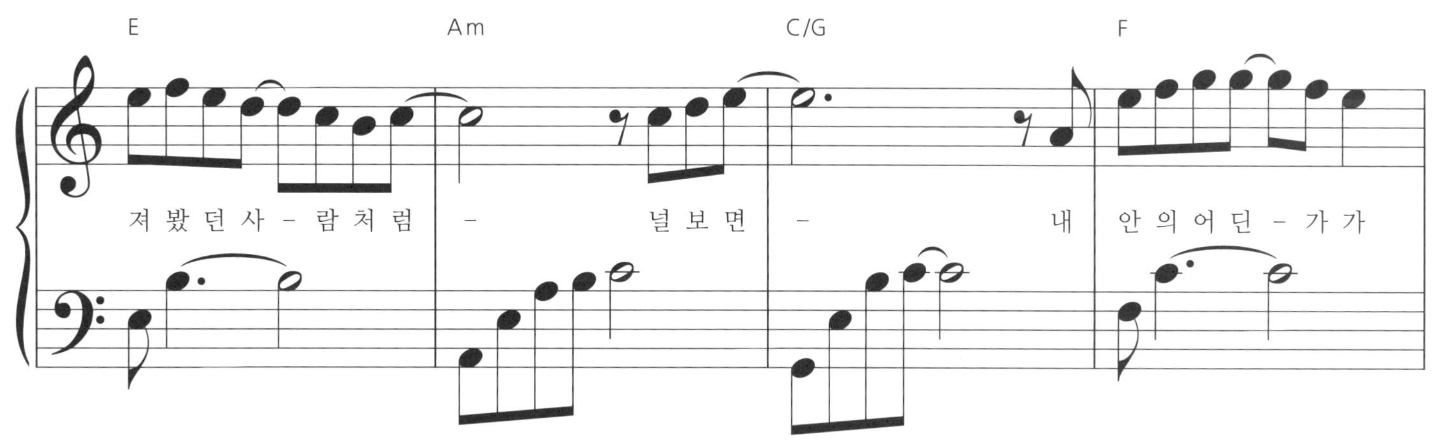
E
Am
C/G
F
져 봤 던 사 – 람 처 럼
– 널 보 면
– 내
안 의 어 딘 – 가 가

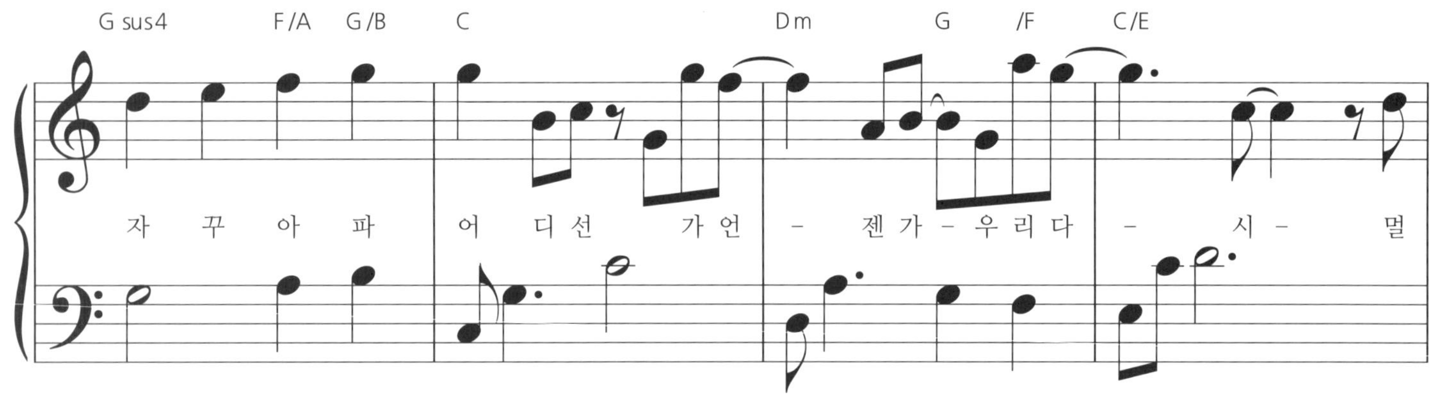
G sus4
F/A
G/B
C
Dm
G
/F
C/E
자 꾸 아 파 어 디 선 가 언 - 젠 가 - 우 리 다 - 시 - 멀

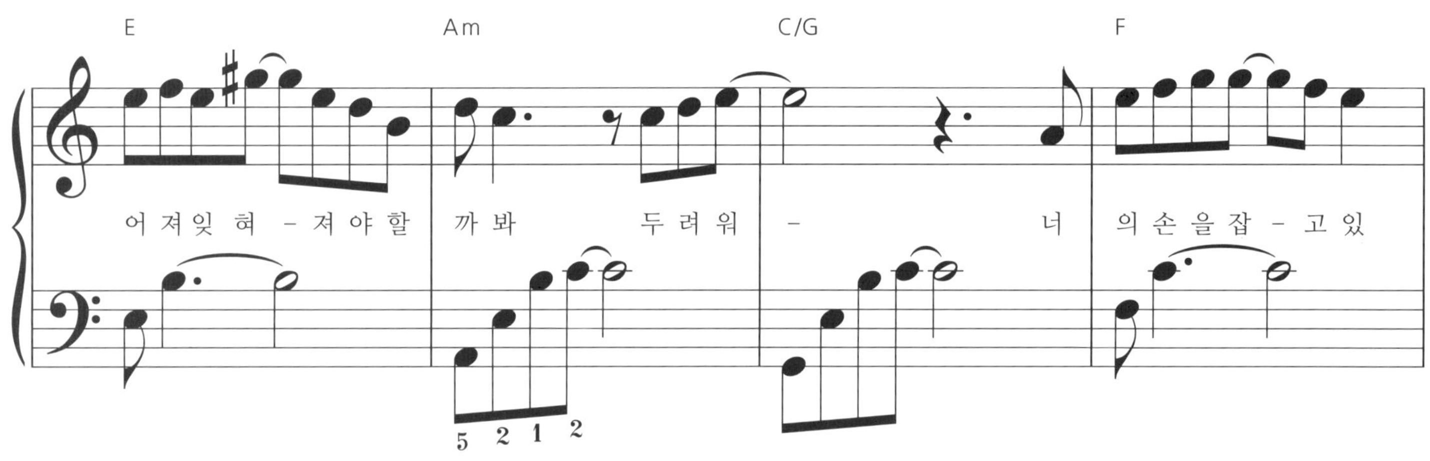
E
Am
C/G
F
어 져잊 혀 - 져 야 할 까 봐 두 려 워 - 너 의 손 을 잡 - 고 있
5 2 1 2

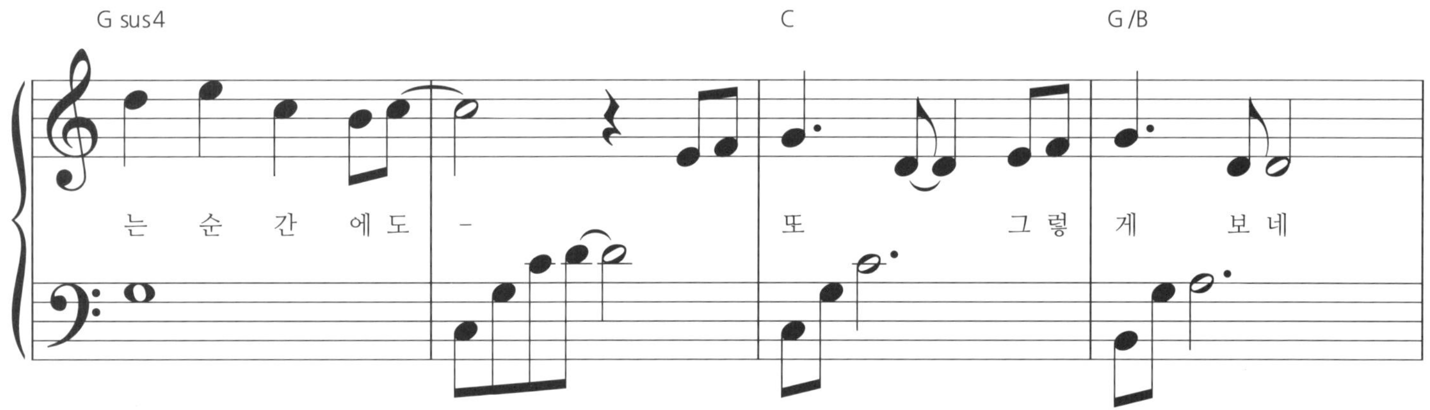
G sus4
C
G/B
는 순 간 에 도 - 또 그 렇 게 보 네

F/A
G7sus4
Em/G
F
G/F
C/E
처 음 보 는 것 처 럼 내 일 이 면 다 시 못 볼 사

Dm7 | Gsus4 G | FM7 | Dm7(♭5)

람 인것 - 처 럼 사 랑 은 날 이 토록

Em7 | D♯dim7 | Dm7 | C/E

조 급 하 게 만 들어 - 넌 내가 끝내 닿고싶은 내삶의

FM7 | Gsus4 F/A G/B | C | Dm G

마 지막 - 순 간

C/E | F G | C

◦ 드라마 ◦

《도깨비》

뷰티풀

지훈 작사 | 황찬희, 이승주 작곡 | 크러쉬 노래

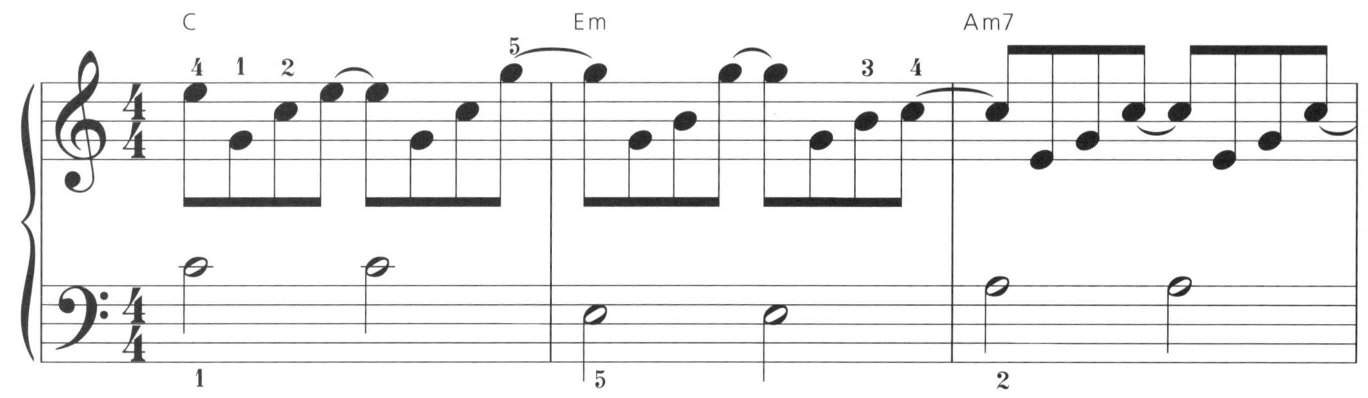

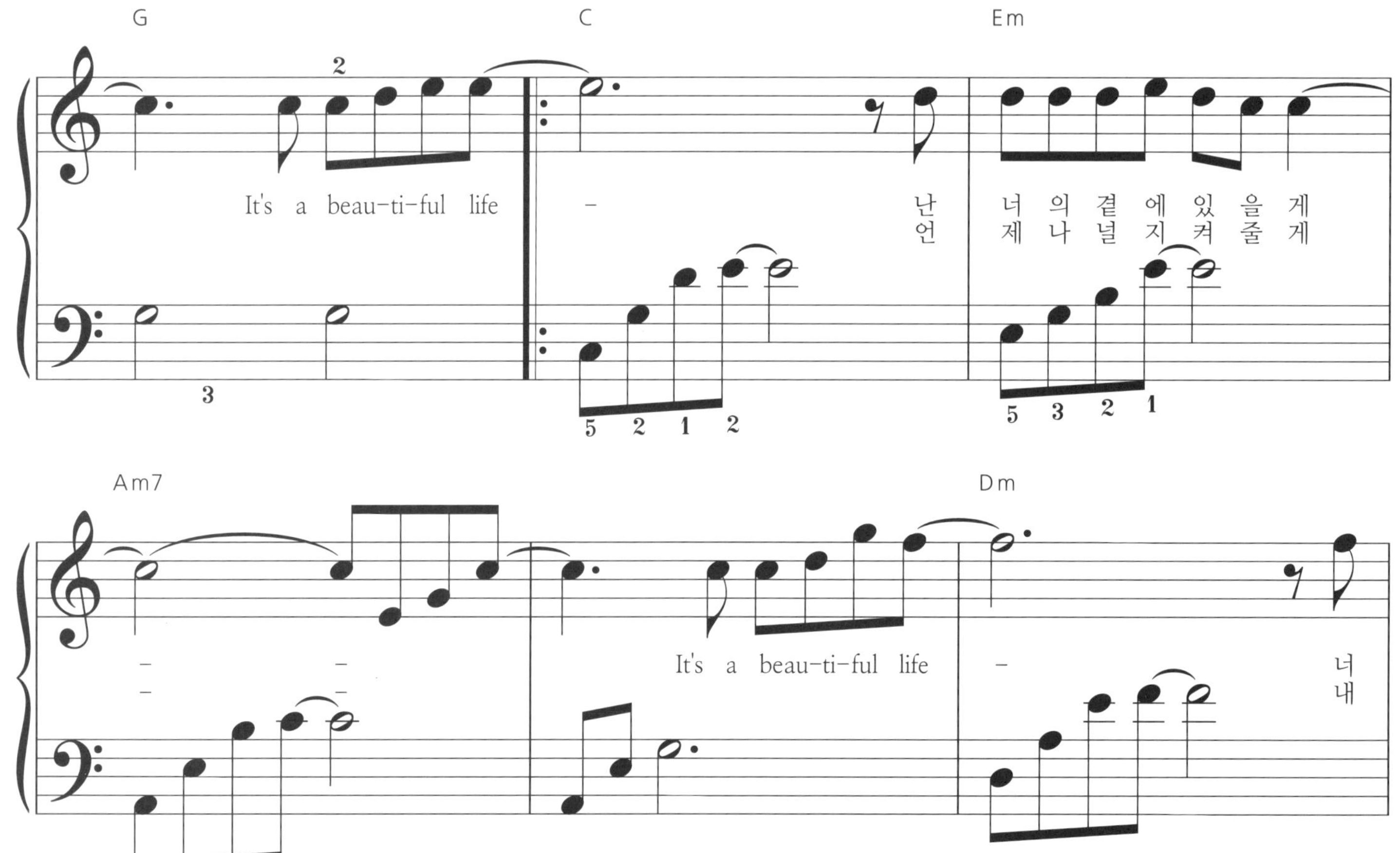

Fm 7/C　G sus4　G

의 뒤 에 서 있 을 게 －　beau－ti－ful love
게 기 댈 수 가 있 게 －

C　Em 7　Am 7

－　하 늘　아 래　너 와 있
너 의　눈 물　너 의 미

F　Dm　Am/C

－ 다 면 －　숨　쉬　는 것 －　만　으　로 도 －　좋 아
－ 소 도 －　곁　에　서 함 －　께　할　수 있 －　도 록

G sus4　G　C

－　It's a beau－ti－ful life　－　beau－ti－ful day
－

G/B Am F

– 너 의 기 억 – 에 서 내 – 가 살 텐 – 데 beau – ti – ful life
미 치 도 록 – 널 사 랑 – 했 었 던 – 날

C E7

3 3

– beau – ti – ful day – – – – 내 곁
너 를

Am C/G D/F♯

1 2 1 1 3

에 서 머 물 – 러 줘 – beau – ti – ful my
잃 고 싶 지 – 않 아 –

Dm7 C/E F

1 2 5

– love – – – beau – ti – ful your – heart –

1.

G C G/B

– It's a beau – ti – ful life –

Am 7 F/A F/G C

It's a beau – ti – ful life –

1 1
3 4

G/B Am 7 F

It's a beau – ti – ful life

2.

C C/E F C

– It's a beautiful life –

영화
《너의 이름은》

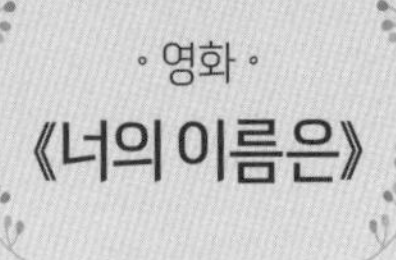

아무것도 아니야

Noda Youjirou 작곡

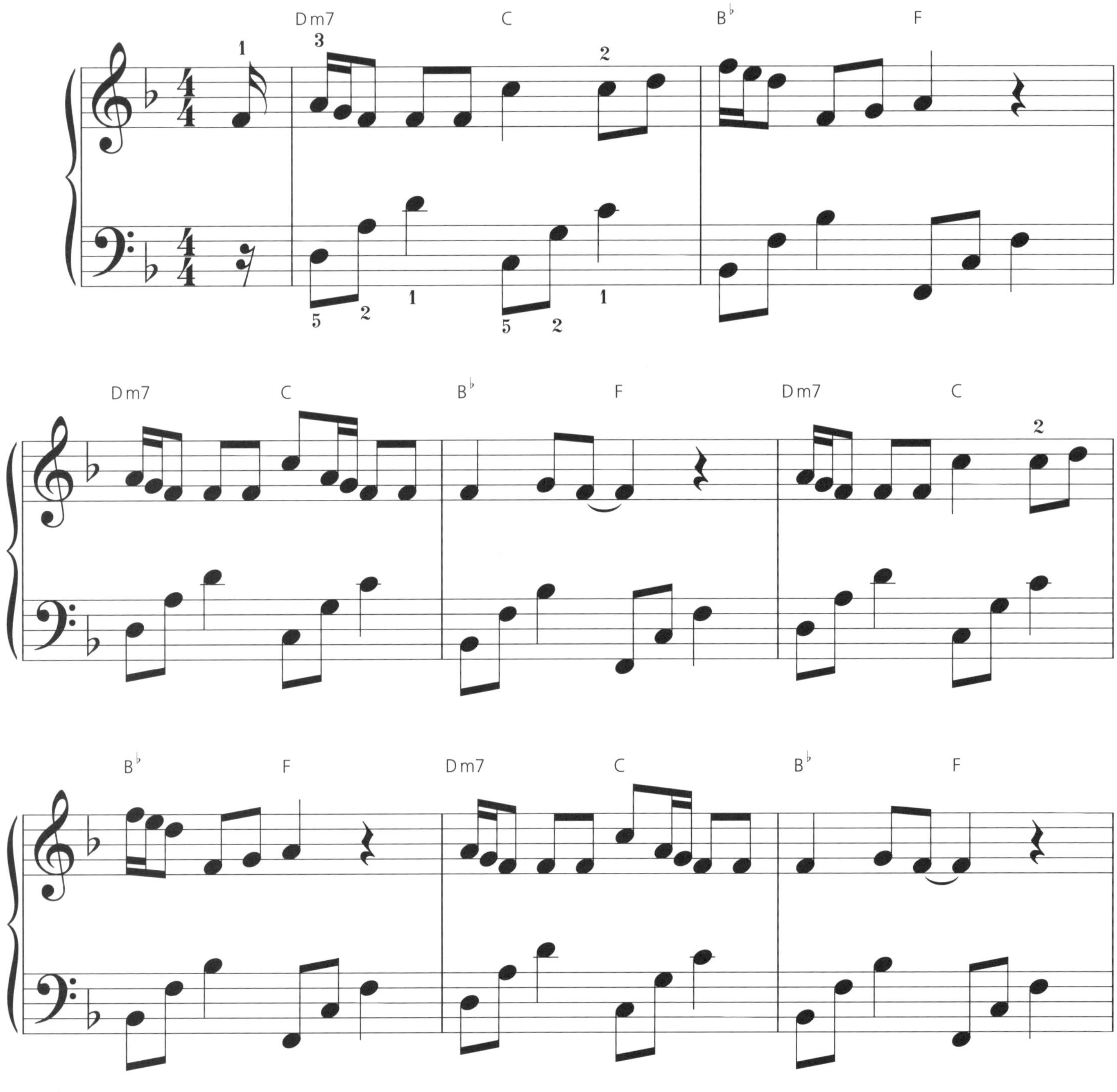

Dm7
C
B♭
F
Dm7
C
B♭
F
Dm7
C
B♭
F
Dm7
C
B♭
F

Dm7 F/C B♭ F Dm7 C/G

B♭ F /E Dm7 C B♭ F

Dm7 C B♭ F Dm7 C

B♭ F Dm7 C B♭ F

F/A B♭ C Dm7 F/A B♭

F F/A B♭ C Dm7

Gm7 F/A B♭ F

B♭ C Dm7 /C B♭ Csus4

F E♭ Am/C B♭ Csus4

Dm7 /C B♭ Csus4

B♭2 C Dm7 C/E F F/A B♭

B♭2 C Dm7 C/E F G7sus4 B♭2

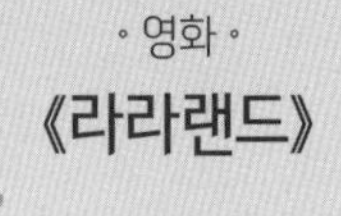

어 러블리 나잇

Pasek Benj, Hurwitz Justin, Paul Justin Noble 작사·작곡

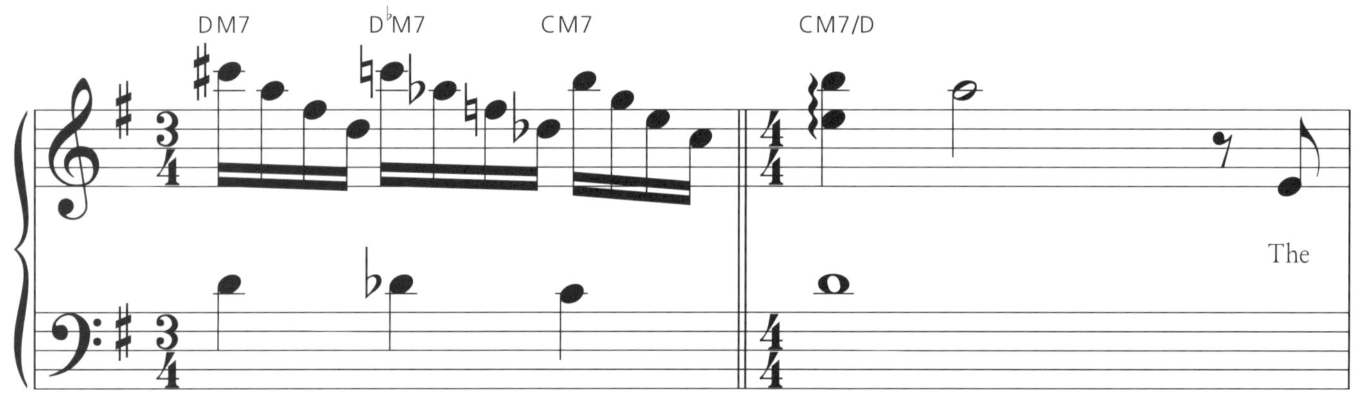

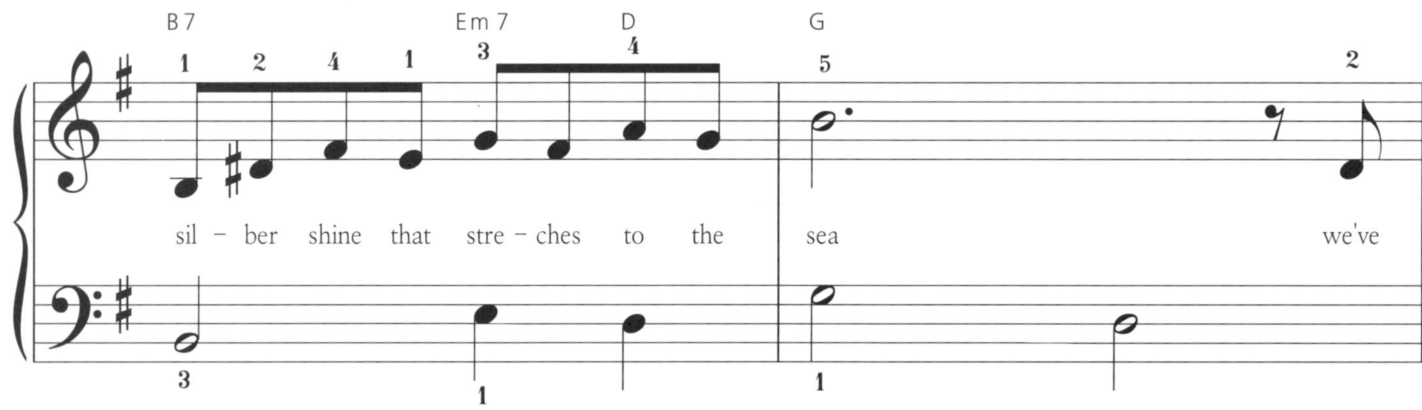

NO COPY

G
Gaug
Am
Adim
stum – bled on a view that's tai – lor made for two what a

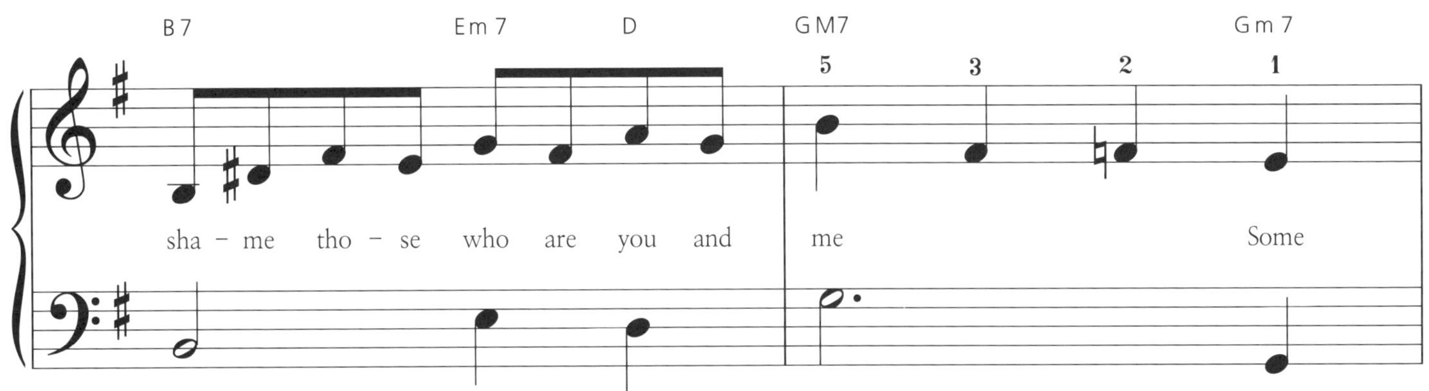
B7
Em 7
D
GM7
Gm 7
5
3
2
1
sha – me tho – se who are you and me Some

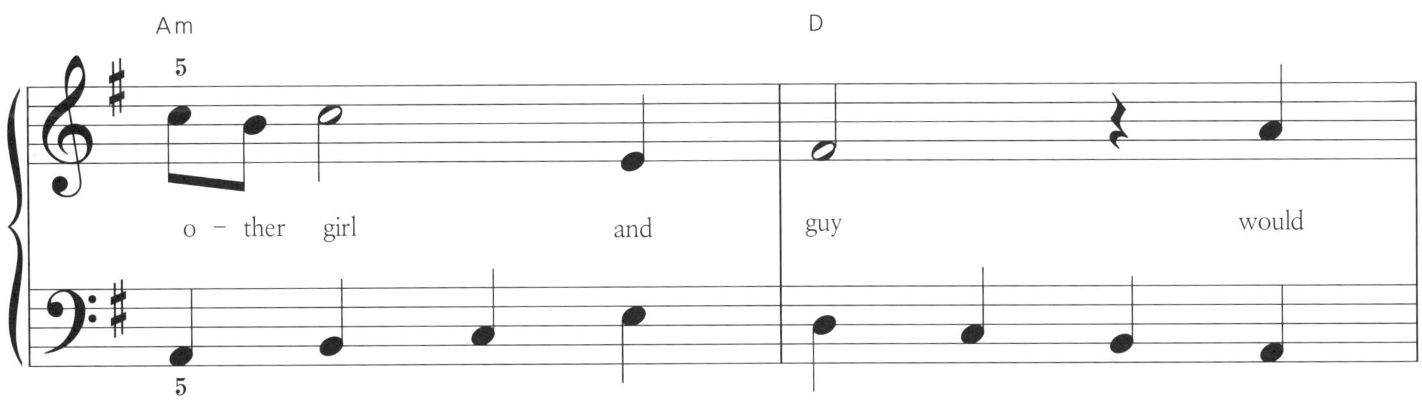
Am
D
5
o – ther girl and guy would
5

G
C
Am
love this swir – ling sky But there's on – ly you And
5

D
G
B
1
I
And
we've
got
no
shot
5

C
DM7
Bm
This
could ne
–
ver
be
You're
not
the type
for
5

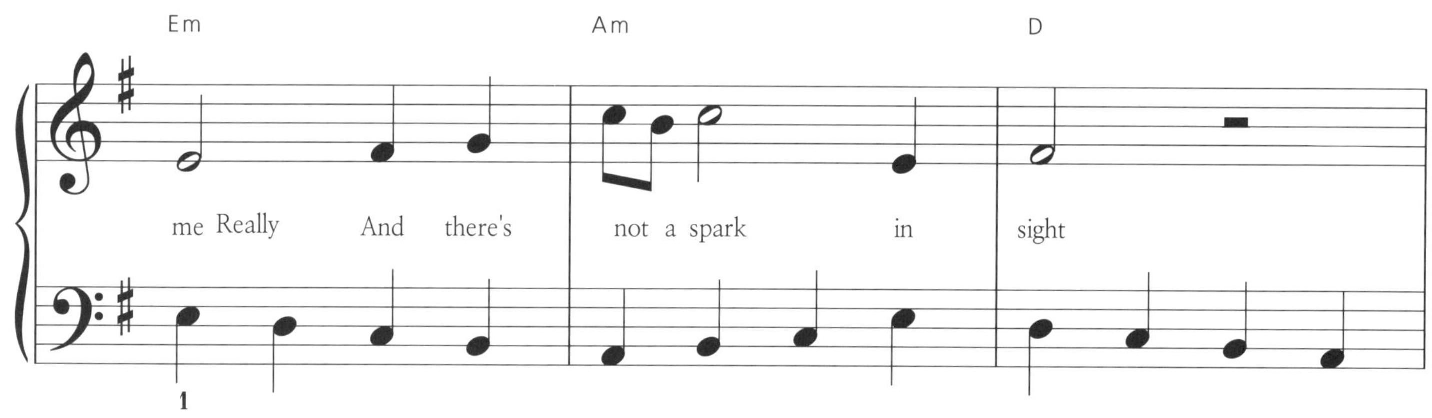
Em
Am
D
me Really
And
there's
not a spark
in
sight
1

G
B
C
3
4
some
chance
for
ro – mance
But
I'm frank–ly
feel–ing

D C D

2 1 1 2 2 1 5 2

no – thing is that so Or It could be less than no – thing Good to

Am D Am

1 3 5 2 1 4 1 3 5

know So you ag – ree That's right What a waste of a

D G Aaug Am Adim

1 1

love – ly night

B Em B Em

1 2 4 1 3 4 5 3 2

· 영화 ·

《라라랜드》

어나더 데이 오브 선

Pasek Benj, Hurwitz Justin, Paul Justin Noble 작사·작곡

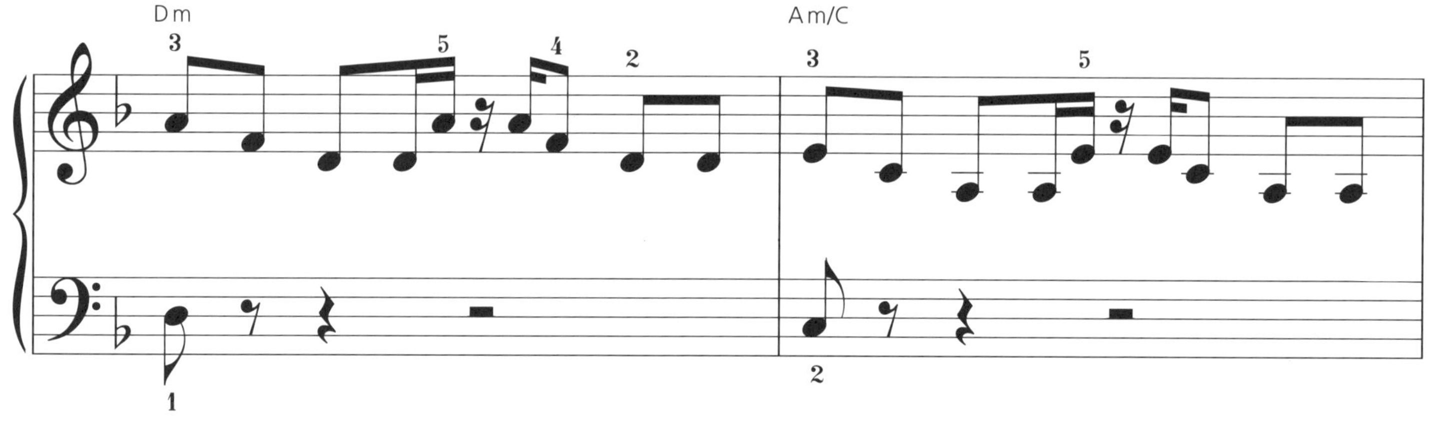

NO COPY

Dm
Am
Gm7
I think a – bout that day I

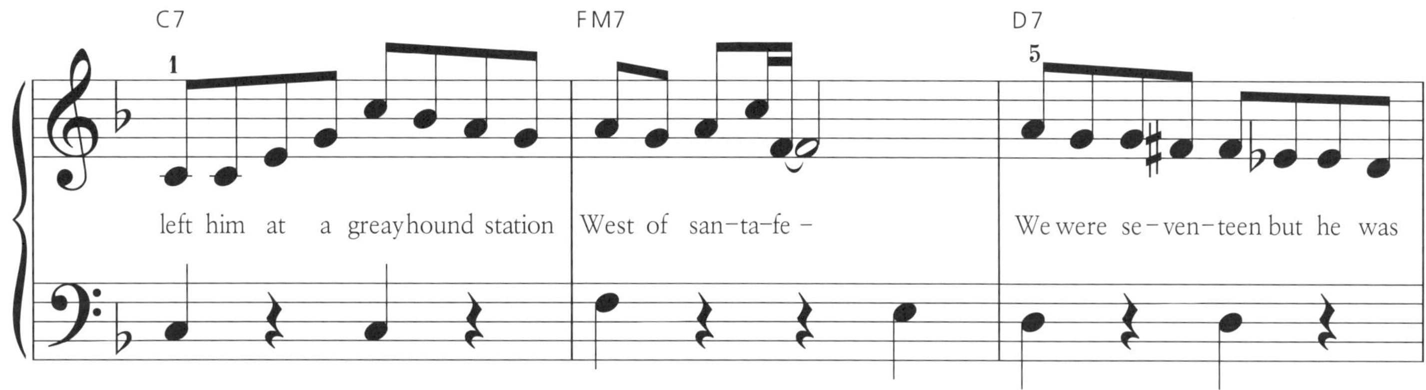
C7
FM7
D7
left him at a greayhound station
West of san–ta–fe –
We were se–ven–teen but he was

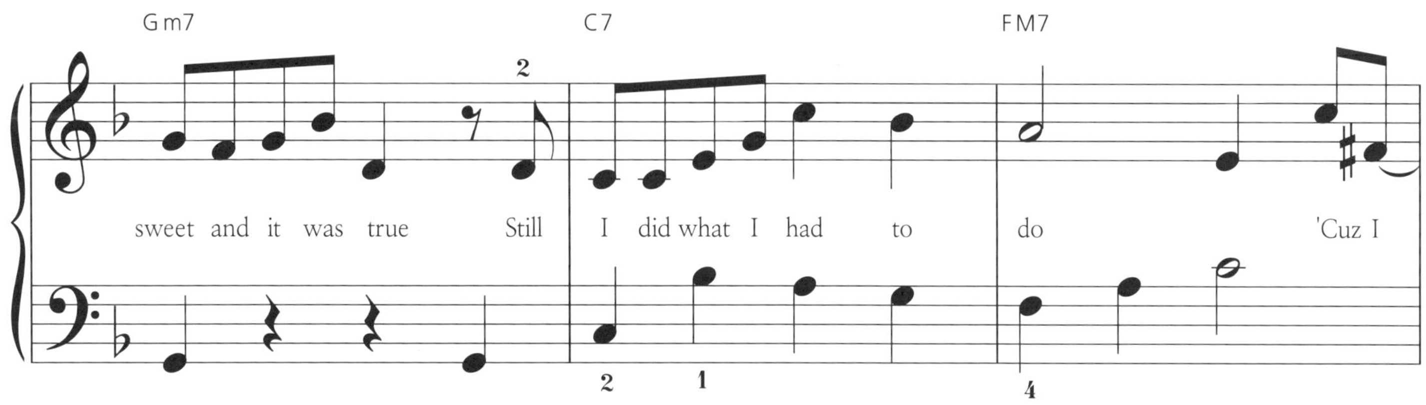
Gm7
C7
FM7
sweet and it was true Still
I did what I had to
do 'Cuz I

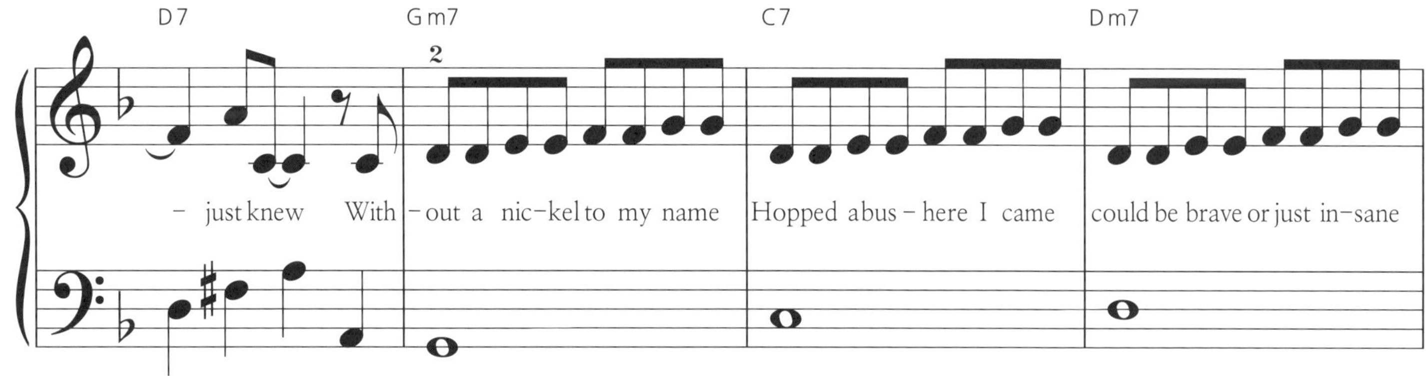
D7
Gm7
C7
Dm7
– just knew With
–out a nic–kel to my name
Hopped a bus – here I came
could be brave or just in–sane

NO COPY

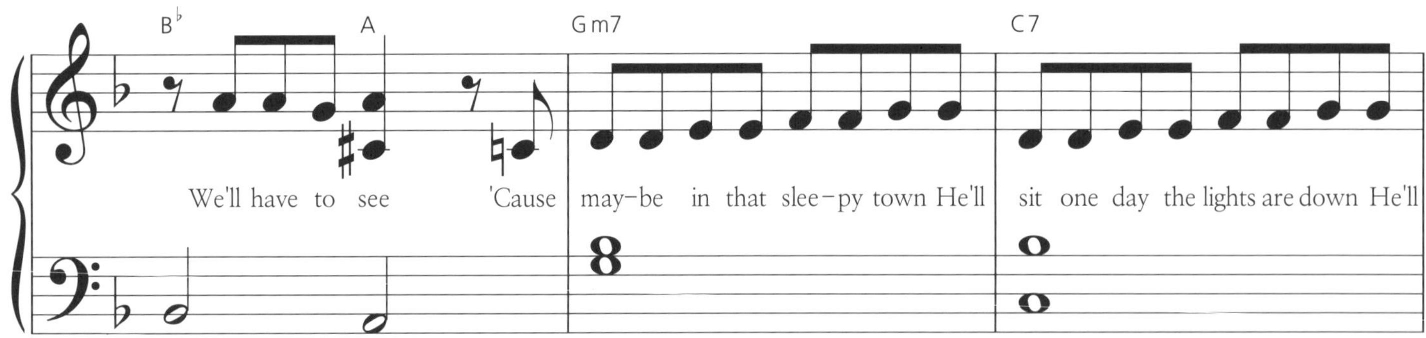
B♭ A Gm7 C7
We'll have to see 'Cause may-be in that slee-py town He'll sit one day the lights are down He'll

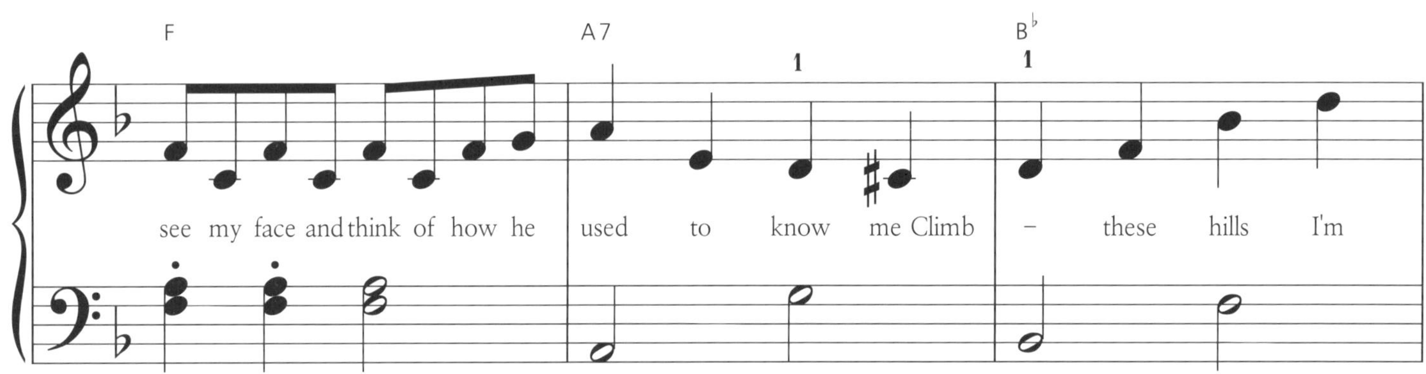
F A7 B♭
1 1
see my face and think of how he used to know me Climb - these hills I'm

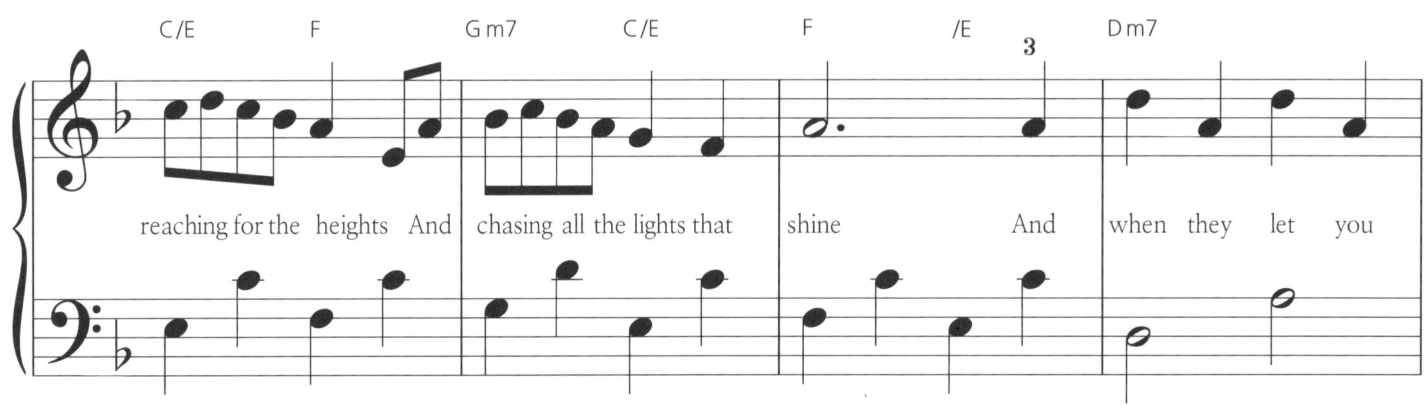
C/E F Gm7 C/E F /E Dm7
3
reaching for the heights And chasing all the lights that shine And when they let you

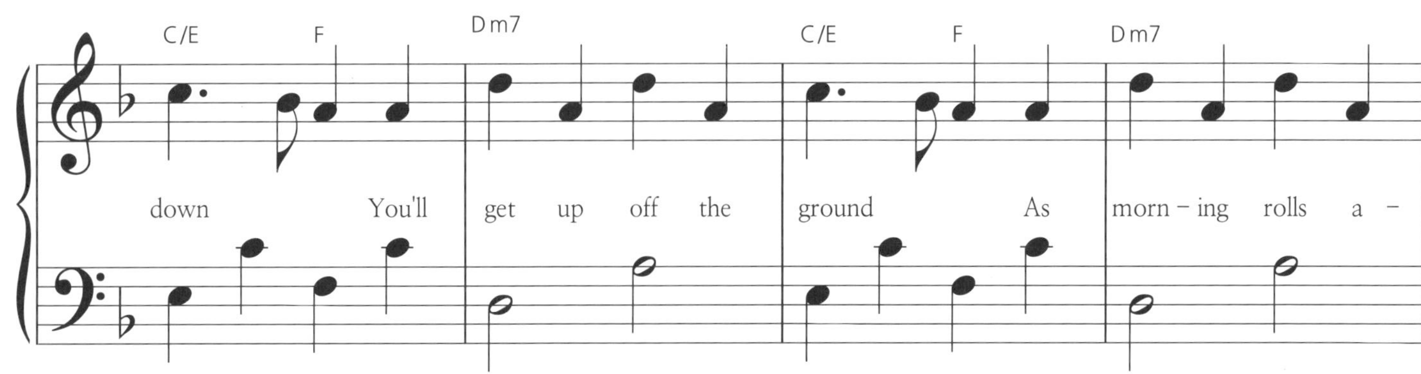
C/E F Dm7 C/E F Dm7
down You'll get up off the ground As morn-ing rolls a -

NO COPY

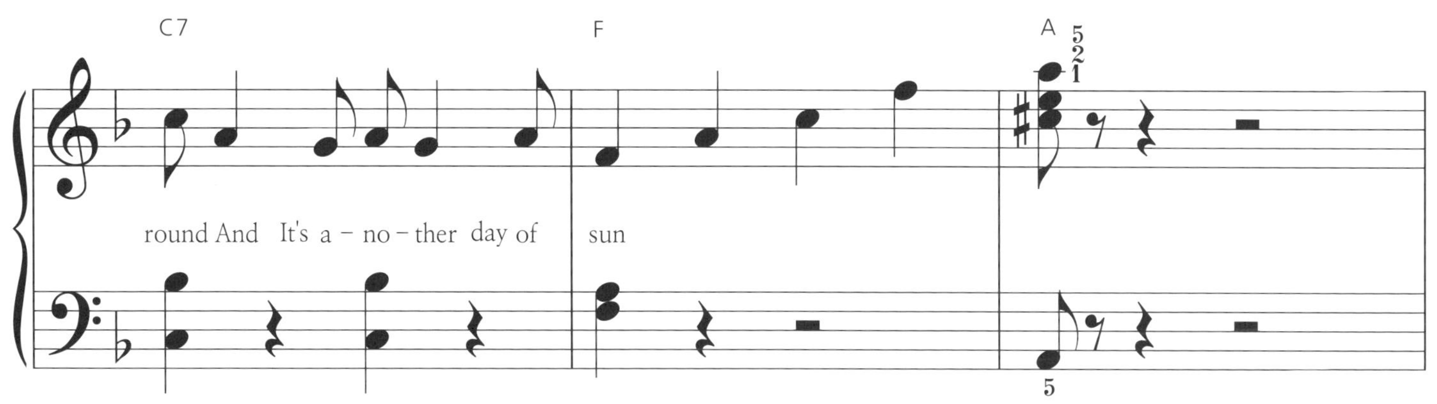
C7
F
A
round And It's a - no - ther day of
sun

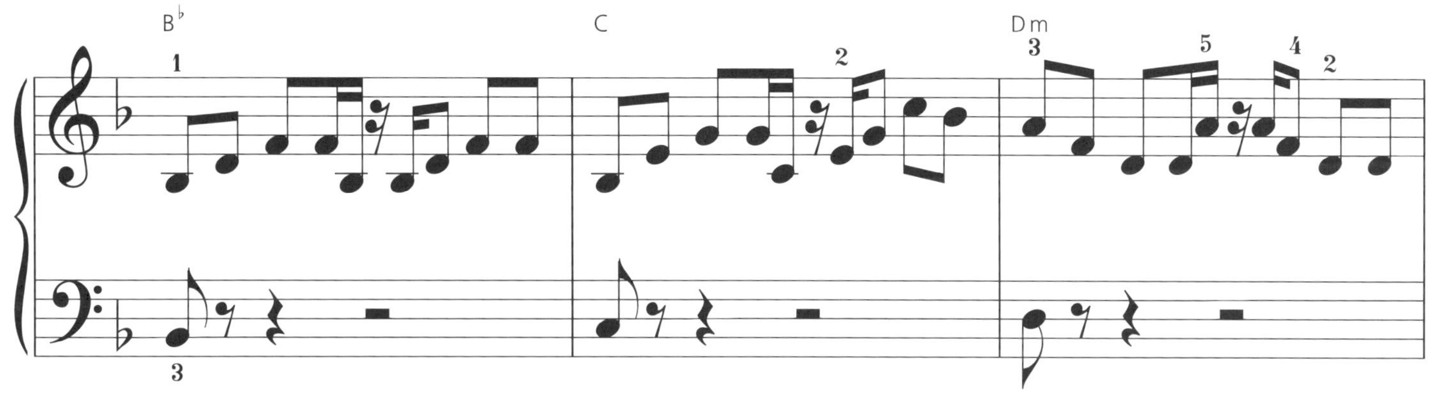
B♭
C
Dm

Am/C
Gm7
C

Dm
Am
F

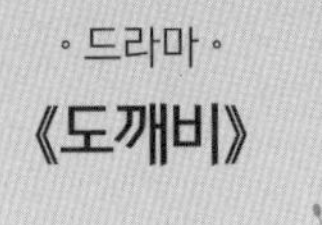

첫눈

박진호, 남혜승, 정준일 작사
박진호, 남혜승 작곡 | 정준일 노래

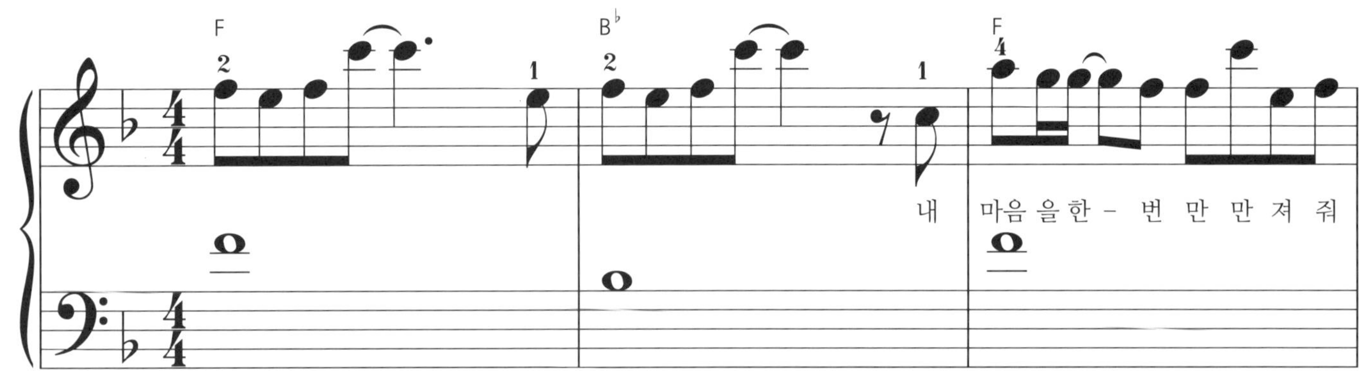

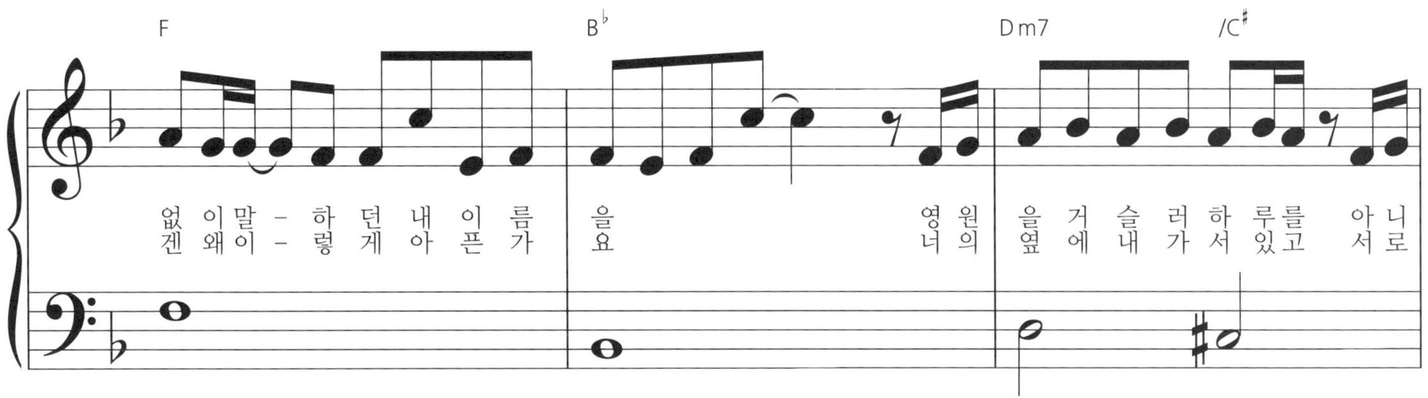
F B♭ Dm7 /C♯
없 이 말 - 하 던 내 이 름 을 영 원 을 거 슬 러 하 루를 아 니
겐 왜 이 - 렇 게 아 픈 가 요 너 의 옆 에 내 가 서 있고 서 로

/C G/B B♭m C7
일 분 을 보 게 돼도 - 그 럴 수 있- 다 면 견 뎌 낼 게 그
웃 을 수 있 는 하루 - 그 릴 수 없- 어 서 눈 물 나 죠 이

Am7 Dm7 Gm7 G/A
기 다 림 끝에 - 그 대 가 서 있어 - 주 길 내
게 꿈 이 라면 - 내 맘 을

D A/D A/G G D/F♯ Em7 G/A
겐 그 림 같 았던 - 그 대와 - 기 억 아 주 오래 - 기 다 렸던 - 선

NO COPY

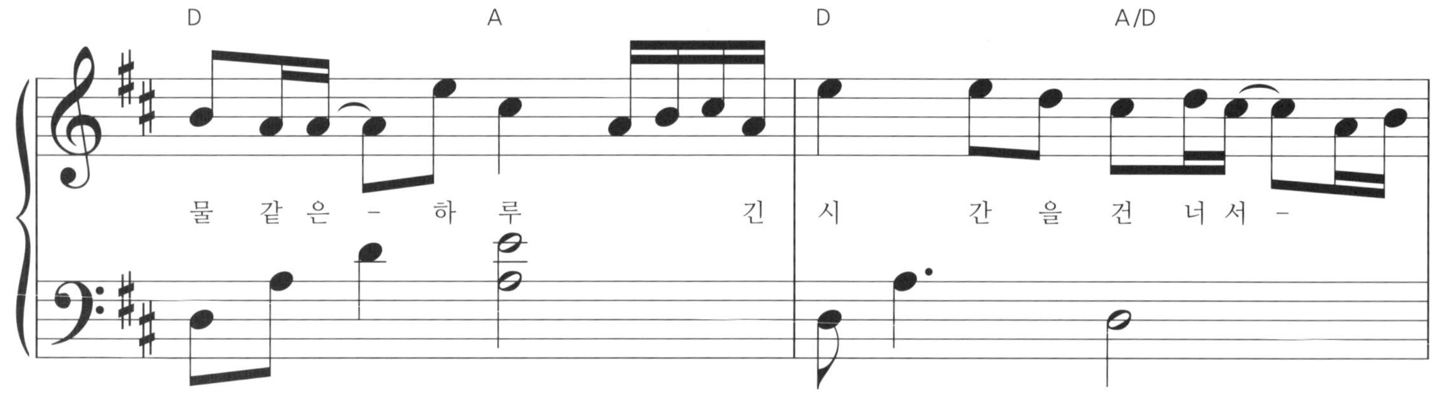
D A D A/D
물 같은 - 하 루 긴 시 간 을 건 너 서 -

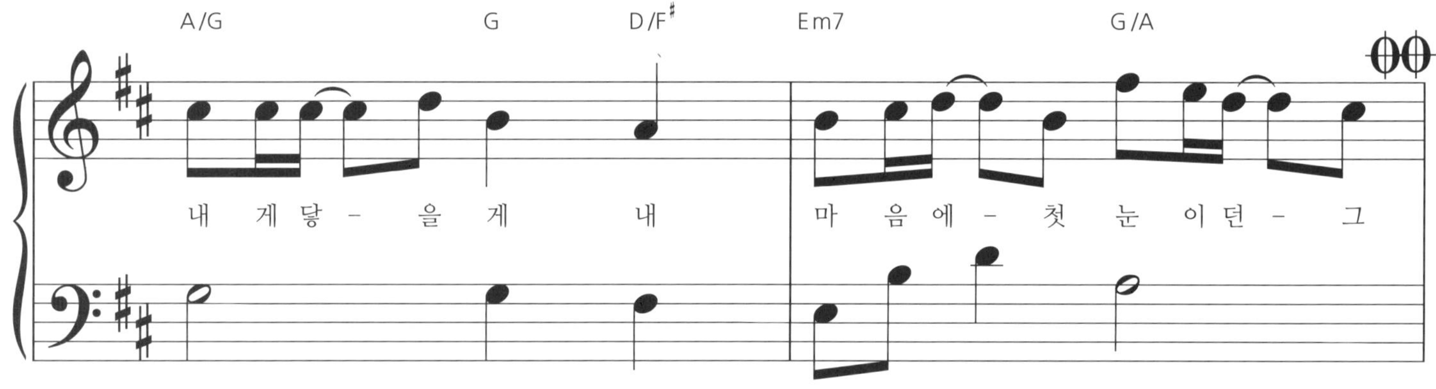
A/G G D/F♯ Em7 G/A
내 게 닿 - 을 게 내 마 음 에 - 첫 눈 이 던 - 그

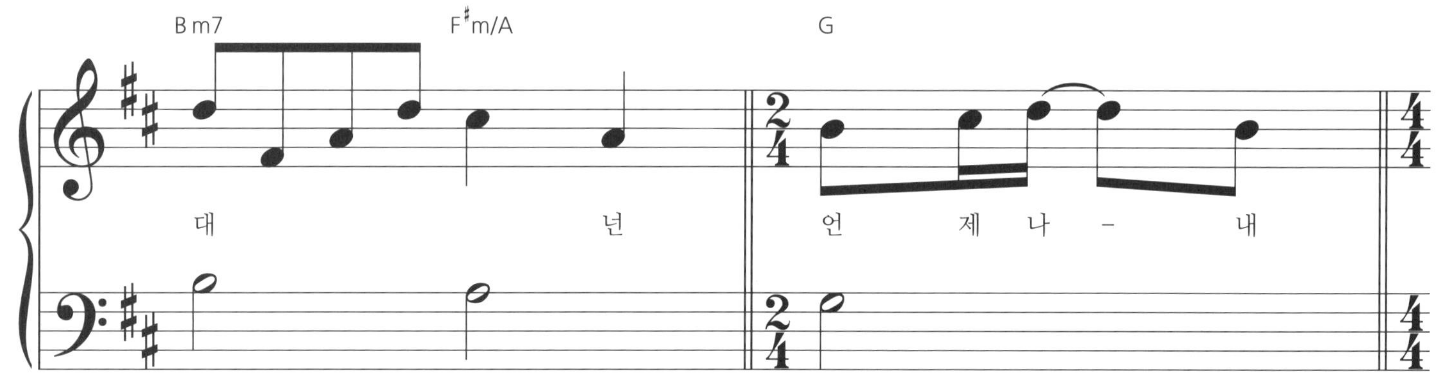
Bm7 F♯m/A G
대 넌 언 제 나 - 내

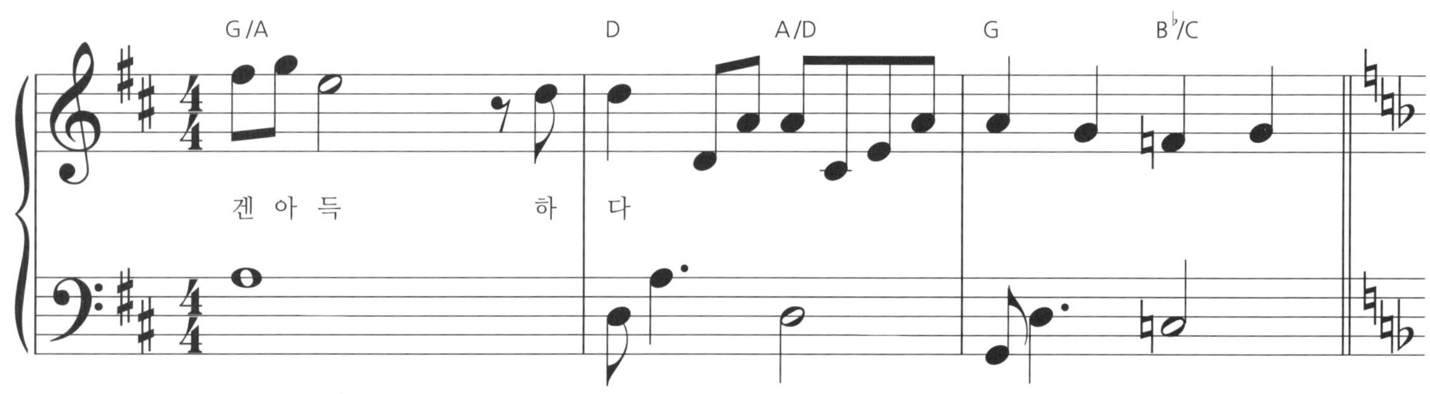
G/A D A/D G B♭/C
겐 아 득 하 다

NO COPY

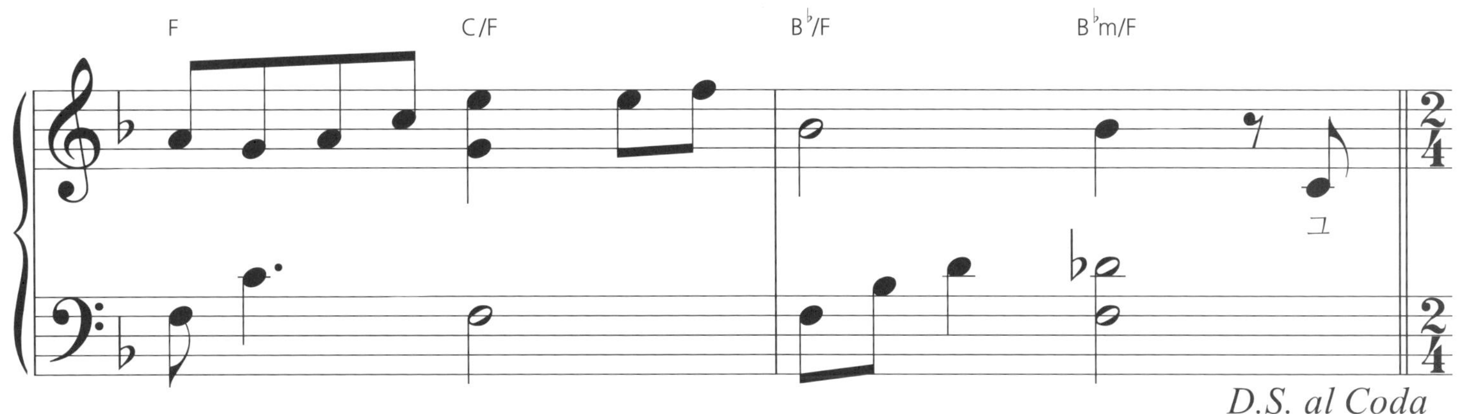
F
C/F
B♭/F
B♭m/F
그
D.S. al Coda

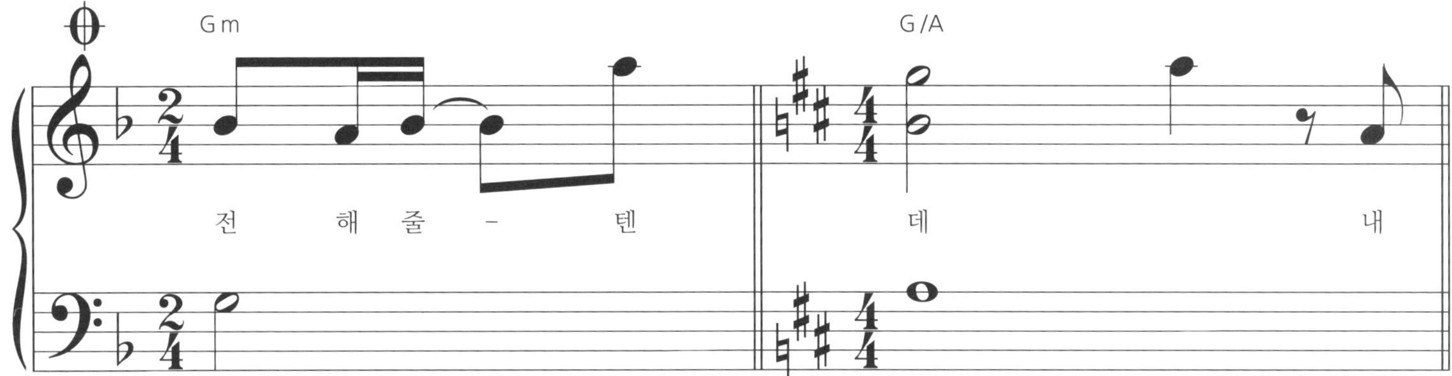
Gm
G/A
전 해 줄 - 텐
데
내
D.S.S. al Coda

D
E/D
G
G/A
대
부
서 지 게 - 그 대 를 안

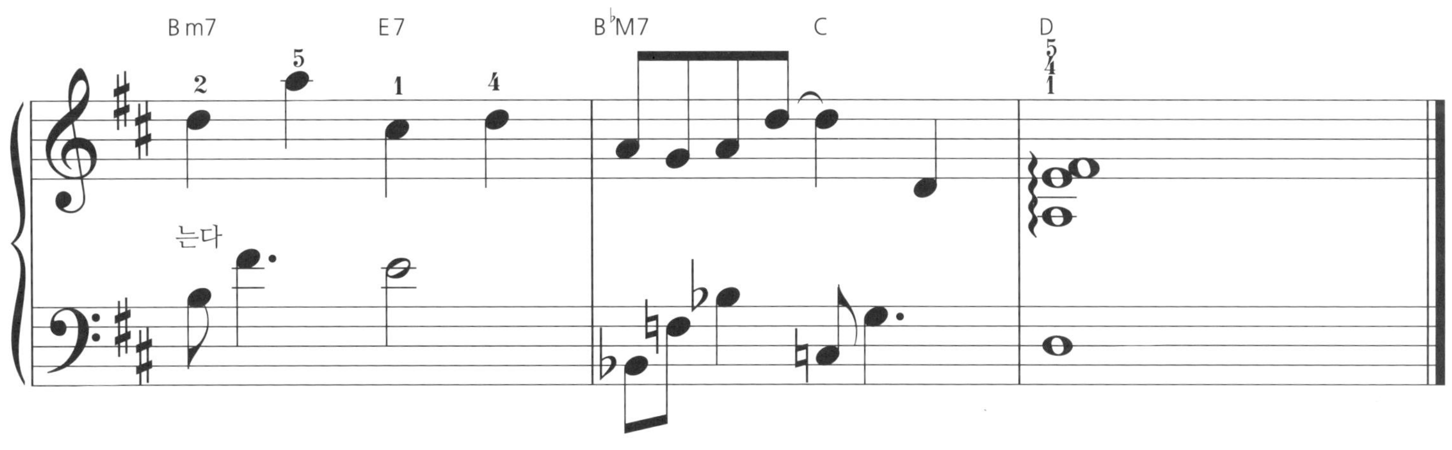
Bm7
E7
B♭M7
C
D
는다

• 영화 •
《너의 이름은》

스파클

Noda Youjiro 작곡

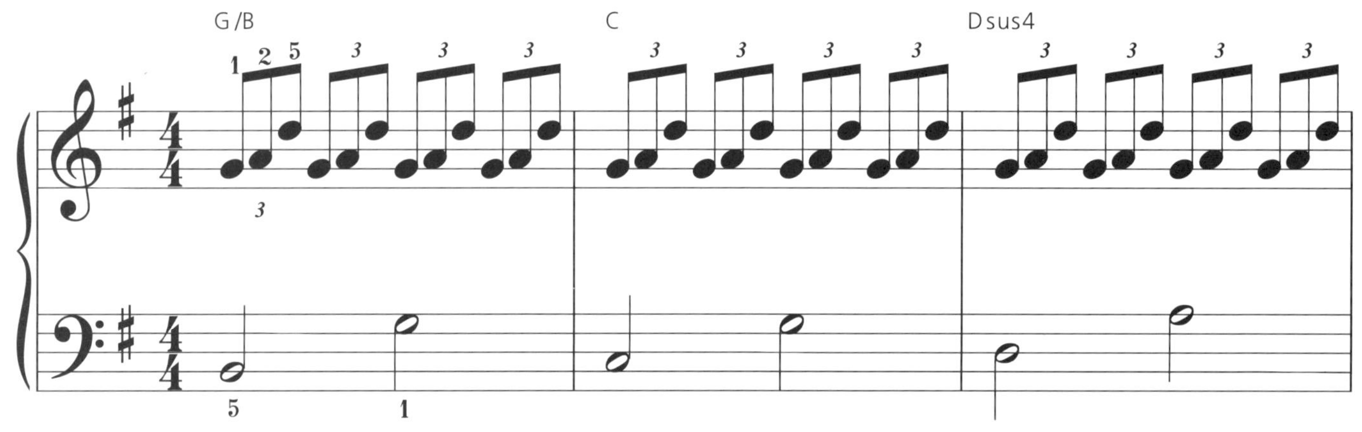

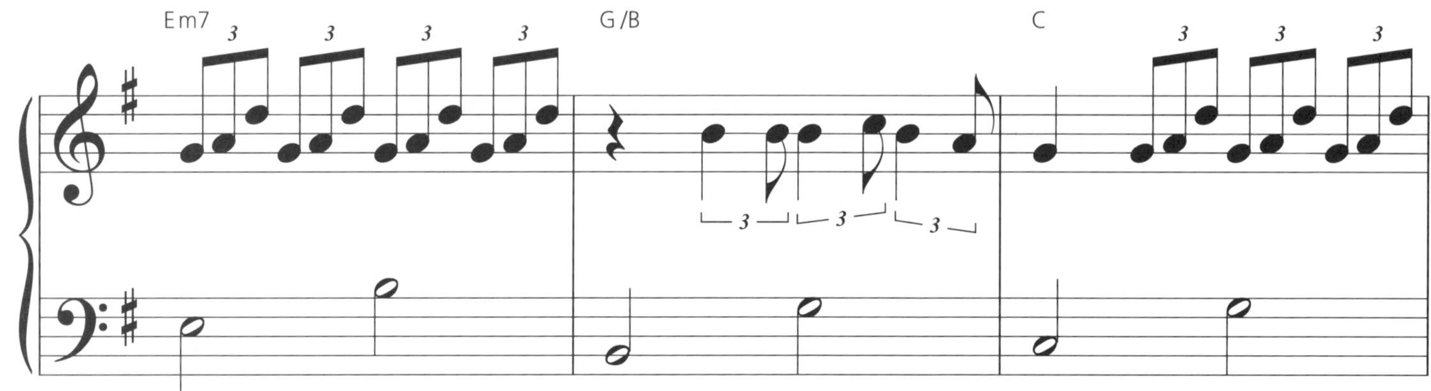

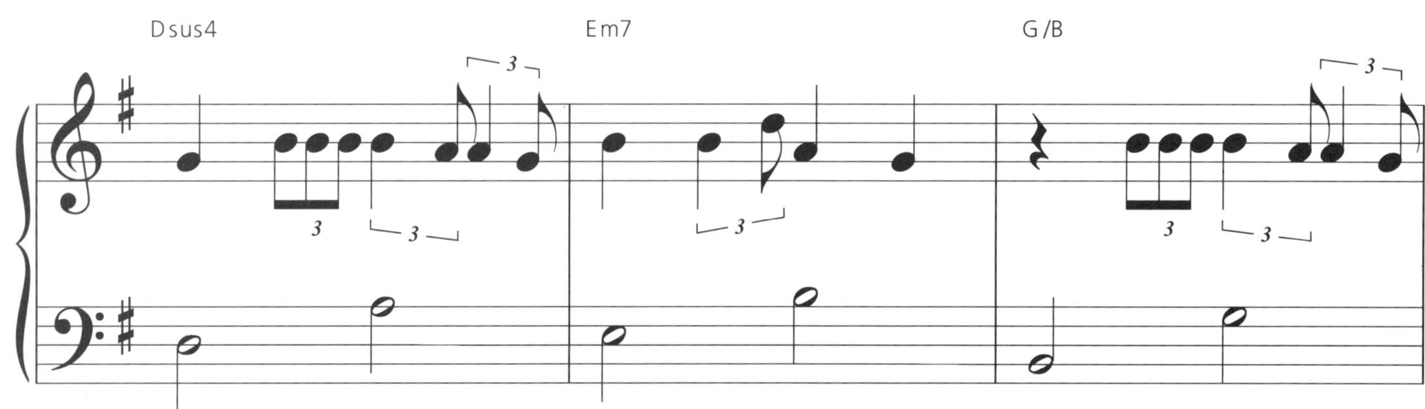

C Dsus4

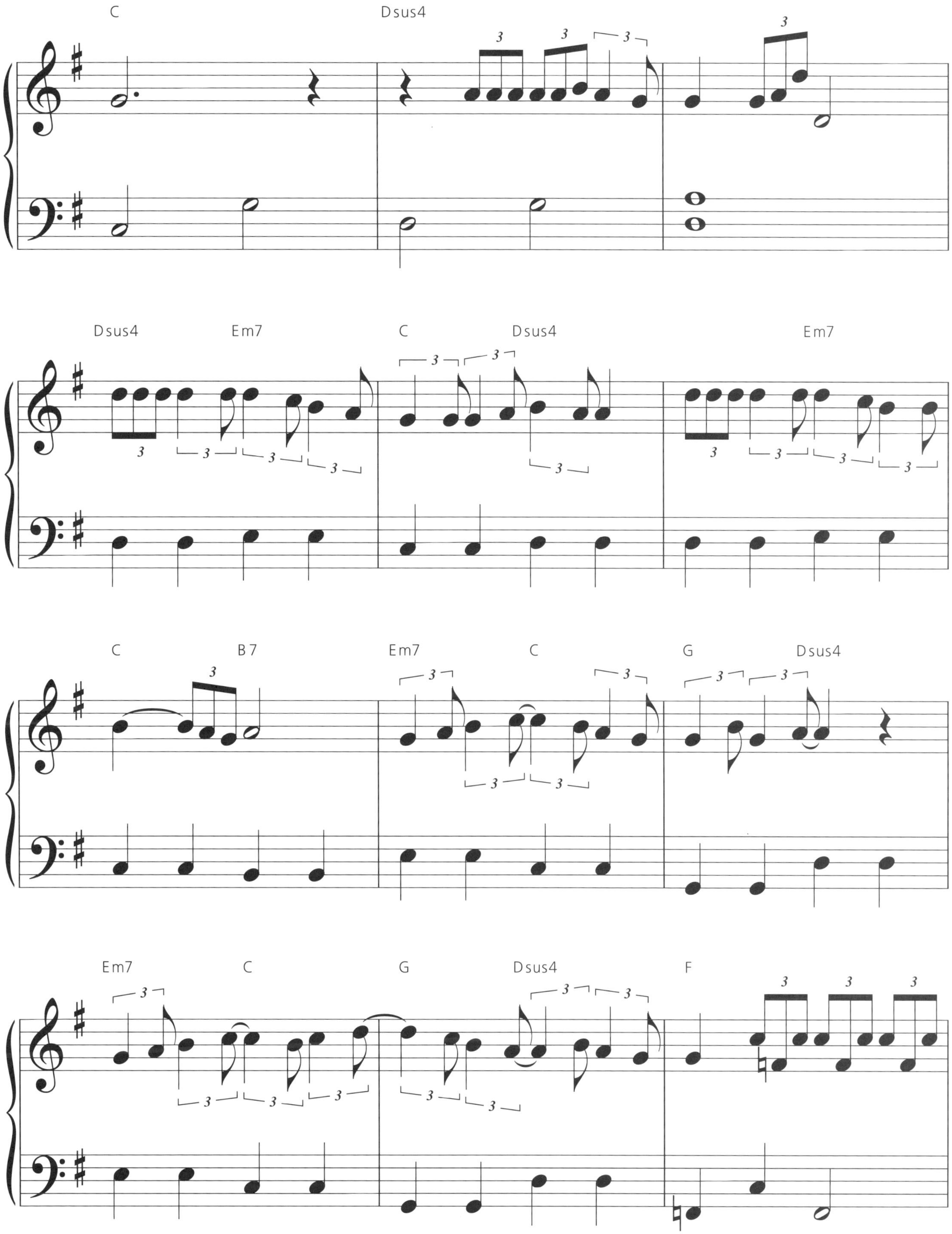

Dsus4 Em7 C Dsus4 Em7

C B7 Em7 C G Dsus4

Em7 C G Dsus4 F

F Dsus4 D

G G/B C D Em B7/D♯

Em7 Em7/D CM7 G/B

A/C♯ Am/C Dsus4 D G/B

C
Bm
B7/D♯
Em7
Em7/D

C
Am/C
G/B
C

C
G
G/B

C
Dsus4
G

발행일 2017년 4월 20일

발행인 최우진
편집 윤영란 · **책임편집** 유경아, 여성은 · **디자인** 우선영
영업 현석호, 신창식 · **관리** 남영애

발행처 (주)태림스코어
출판등록 2012년 6월 7일 제 313-2012-196호
주소 서울시 마포구 동교로 13길 34(04003)
전화 02)333-3705 · **팩스** 02)333-3748

ISBN 979-11-5780-094-0-13670